説話社 占い選書 5

すべてがわかる384爻《こう》

易占い

水沢 有

はじめに

占いブームが去り、現在はオカルトなどの目に見えない不思議な世界への関心が高まりつつあるようです。それもそのはずで、占いというと「あなたのお生まれは……」などと個人差を少しも考慮せず、どこへ行っても同じようなことを言われてしまうのですから、興味が薄れてしまうのは当然のことでしょう。

易は生きていくために必要な叡智《えいち》です。一人ひとりの状況に踏まえてより良き道を見つけ出してくれるものです。そして、何より心の迷いを断たせてくれるものです。

現代は、今を維持することも、未来に向けての在り方も、難しく厳しい時代となりました。だからこそ自分の身を守っていくために易を学び知ることは、大きな力になるでしょう。一人でも多くの方が易を活用してくださることがあれば幸いです。

本書の出版に際しては、私の師匠、故横井伯典先生から長年教えを受けることがなければ、執筆できないものでした。

また、説話社出版部部長の高木利幸氏から多大なご尽力をいただきました。ここに心から感謝し、御礼申し上げます。

平成二十七年十一月吉日　　世田谷にて　水沢　有

目次

第1章

易占いの歴史

1 「易」とは何か

易《えき》は「占筮《せんぜい》の書」です。古代中国においては、国の政事などを決定する時に占いを頼りにしました。その初めは殷《いん》の時代で、亀の甲羅を灼《や》き、そのひび割れた形から事の吉凶を占いました。時を経て周の時代になると、国も大きくなり、まとまりを見せました。そこで亀卜《きぼく》より筮《ぜい》が行われるようになり、占いをする官吏が三易《さんえき》で占筮したといわれています。

三易とは、「連山《れんざん》」「帰蔵《きぞう》」「周易《しゅうえき》」です。連山は夏《か》の時代、帰蔵は殷の時代、周易は周の時代のもので、連山と帰蔵は早くに消え去ってしまったため、易というと周易のことになったといいます。

こんにちにおいて歴史は研究が進み、多くの説が出てきています。興味のある方はそれらの専門書をお読みになるとよいでしょう。本書では簡単に述べさせていただきました。

易の繋辞《けいじ》上伝には、易は天の法則であり、人にあっては運命といいます。自分の運命を知り、それがどのようなものであっても受容すること。それが天の法則を楽しむことでもあるので、憂うることのないように、とあります。

易は立場を重んじ、分を超えることなく、そして天地の徳を学び、そのようにあることを人間に語りかけてくれるものです。

2 易の基本的な構成要素

（1）周易

本書で解説する易は、周易というものです。この周易には『易経《えきけい》』という経典があり、経文が書いてあります。経文には本文と解説があり、本文を「経《けい》」、解説を「伝《でん》」といいます。

経は、六十四の象徴的な符号の卦《か》と、卦辞《かじ》（卦につけられた言葉）と、爻辞《こうじ》（爻《こう》につけられた言葉）から成ります。

伝は、彖伝《たんでん》（卦辞をわかりやすく解説した言葉）、象伝《しょうでん》（大象《たいしょう》と小象《しょうしょう》の二つがあり、大象は卦の全体の解説で、小象は爻辞の解説）、文言伝《ぶんげんでん》（乾卦《けんのか》と坤卦《こんのか》の二つだけにあるもので、卦の解説）、繫辞伝《けいじでん》（易経全体の哲学的な解説で、上伝《じょうでん》、下伝《げでん》に分かれ、孔子の作といわれているもの）、その他、説卦伝《せっかでん》（八卦《はっか》の解説）、序卦伝《じょかでん》（六十四卦の序列を解説）、雑卦伝《ざっかでん》（六十四卦の雑然とした解説）となっています。

（2）卦の符号

卦の符号にある切れ目のない棒「⚊」を陽《よう》といい、男・剛・善などの意をもちます。

切れ目のある棒「⚋」を陰《いん》といい、女・柔弱・虚などの意をもちます。

この陰陽の棒を三本組み合わせると八つの象《かたち》ができます。これを八卦といい、小成卦《しょうせいか》ともいいます。

	(八卦)	(象)	(性情)	(家族)
☰	乾	天	健	父
☱	兌	沢	説	少女
☲	離	火	麗	中女
☳	震	雷	動	長男
☴	巽	風	入	長女
☵	坎	水	陥	中男
☶	艮	山	止	小男
☷	坤	地	順	母

(3) 八卦の成り立ち

繫辞上伝に「易に太極《たいきょく》あり。是れ両儀《りょうぎ》を生ず。両儀四象《ししょう》を生じ、四象八卦を生ず」とあります。

太極とは極めて大きなもの、はっきりと陰陽の象になる前の混沌《こんとん》としたもの、人によっては易神の降臨するところと考えたりします。この太極があって、そこから分かれて陰陽の両儀が生み出されました。世の中のことすべてが陰と陽から成り立っていることをいいます。

両儀からさらに陰と陽が互いに組み合わさり、(陽・陽)、(陰・陽)、(陽・陰)、(陰・陰)の四つの象になります。春夏秋冬といったりします。

このようにして八卦が生まれました。そして八卦(小成卦)と八卦(小成卦)を上下に組み合わせたものを大成卦《たいせいか》といい、六十四の卦となります。

卦には六つの爻があり、三百八十四爻あることになります。

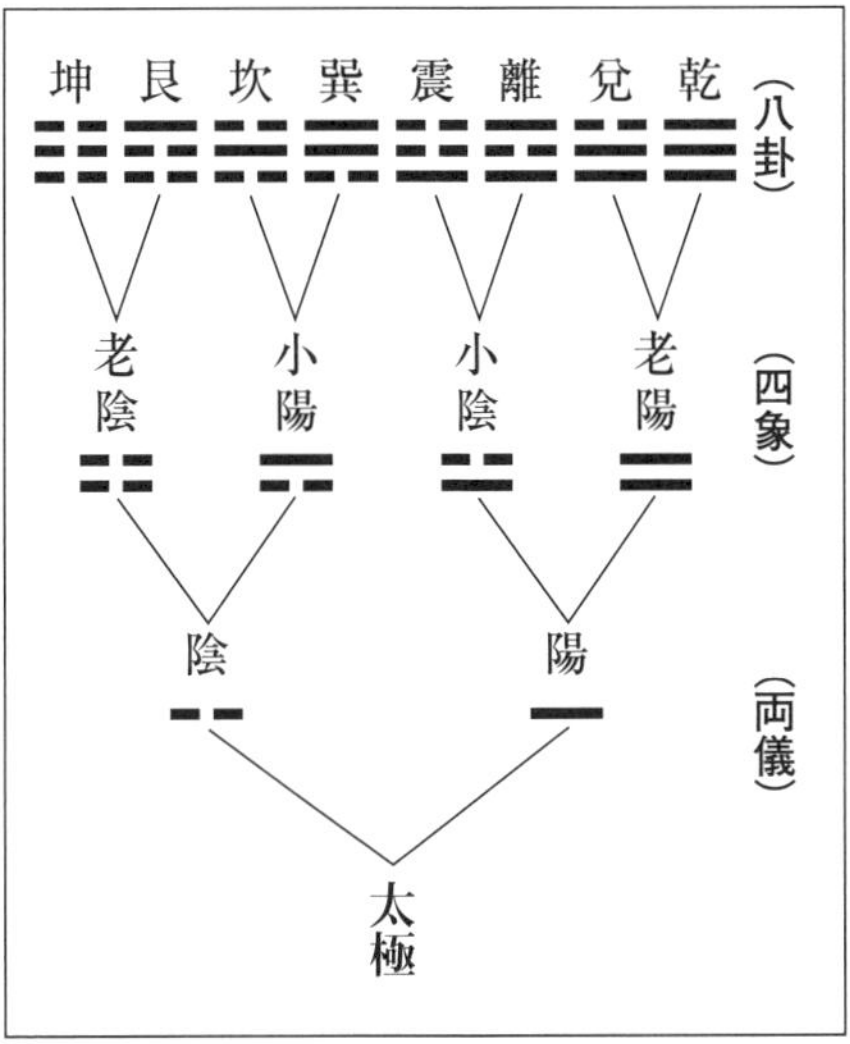

(4) 八卦の象意

象意	意味するもの
乾《けん》	天、剛健、社長、父、頭、剛毅、充実、完全、堅固、威厳、西北
兌《だ》	沢、喜悦、少女、愚か者、口、口論、おしゃべり、食べる、欠けている、西
離《り》	火、明知、明るい、美しい、はっきりする、中年の女、離別、名誉、南
震《しん》	雷、震動、驚く、声あって形なし、新しい、長男、若い人、足、虚言、東
巽《そん》	風、巽入、整う、遠い、長引く、長女、腸、毛髪、信用、命令、東南
坎《かん》	水、困陥、考える、憂う、困難、忍耐、裏のこと、中年の男、腎臓、冷たい、北
艮《ごん》	山、止める、強欲、静止、蓄える、相続、少男、腰、関節、終止、高い、東北
坤《こん》	地、柔順、おとなしい、卑しい、慎む、母、庶民、無知、消化器、寛容、西南

六十四卦一覧表

内卦＼外卦	乾《けん》（天《てん》）☰	兌《だ》（沢《たく》）☱	離《り》（火《か》）☲	震《しん》（雷《らい》）☳	巽《そん》（風《ふう》）☴	坎《かん》（水《すい》）☵	艮《ごん》（山《さん》）☶	坤《こん》（地《ち》）☷
乾《けん》（天《てん》）☰	乾為天《けんいてん》	沢天夬《たくてんかい》	火天大有《かてんだいゆう》	雷天大壮《らいてんだいそう》	風天小畜《ふうてんしょうちく》	水天需《すいてんじゅ》	山天大畜《さんてんだいちく》	地天泰《ちてんたい》
兌《だ》（沢《たく》）☱	天沢履《てんたくり》	兌為沢《だいたく》	火沢睽《かたくけい》	雷沢帰妹《らいたくきまい》	風沢中孚《ふうたくちゅうふ》	水沢節《すいたくせつ》	山沢損《さんたくそん》	地沢臨《ちたくりん》
離《り》（火《か》）☲	天火同人《てんかどうじん》	沢火革《たくかかく》	離為火《りいか》	雷火豊《らいかほう》	風火家人《ふうかかじん》	水火既済《すいかきせい》	山火賁《さんかひ》	地火明夷《ちかめいい》
震《しん》（雷《らい》）☳	天雷无妄《てんらいむぼう》	沢雷随《たくらいずい》	火雷噬嗑《からいぜいごう》	震為雷《しんいらい》	風雷益《ふうらいえき》	水雷屯《すいらいちゅん》	山雷頤《さんらいい》	地雷復《ちらいふく》
巽《そん》（風《ふう》）☴	天風姤《てんぷうこう》	沢風大過《たくふうたいか》	火風鼎《かふうてい》	雷風恒《らいふうこう》	巽為風《そんいふう》	水風井《すいふうせい》	山風蠱《さんぷうこ》	地風升《ちふうしょう》
坎《かん》（水《すい》）☵	天水訟《てんすいしょう》	沢水困《たくすいこん》	火水未済《かすいびせい》	雷水解《らいすいかい》	風水渙《ふうすいかん》	坎為水《かんいすい》	山水蒙《さんすいもう》	地水師《ちすいし》
艮《ごん》（山《さん》）☶	天山遯《てんざんとん》	沢山咸《たくざんかん》	火山旅《かざんりょ》	雷山小過《らいざんしょうか》	風山漸《ふうざんぜん》	水山蹇《すいざんけん》	艮為山《ごんいざん》	地山謙《ちざんけん》
坤《こん》（地《ち》）☷	天地否《てんちひ》	沢地萃《たくちすい》	火地晋《かちしん》	雷地豫《らいちよ》	風地観《ふうちかん》	水地比《すいちひ》	山地剥《さんちはく》	坤為地《こんいち》

3 なぜ易は当たるのか

なぜ易は当たるのか、と問われても「当たるから当たる」のであって、その理由を明確に答えることはできません。

古代に生まれた易がこんにちまで脈々と受け継がれてきたことから想像するに、この宇宙にははかりしれない何かが存在しているように思います。それが天の法則から、より小さな存在の人間の運命を予見し、教えてくれるのではないでしょうか。

この世に存在するすべてのものが、健やかに正しくその生をまっとうできるように導いてくれるのですから、これほど慈愛に満ちたものはないでしょう。

叡智そのものが易、当たるから当たる、だから使い続けていく、とオブラートに包みたいと思います。知らないことがあってもよいのではないでしょうか。

第2章

易占いの方法

1 易のたて方

易の卦を得るには道具が必要です。易者《えきしゃ》の机の上には必ずといってよいほど筮竹《ぜいちく》がありますが、筮竹を使って卦を得る方法を筮法《ぜいほう》といいます。筮法には、本筮《ほんぜい》、中筮《ちゅうぜい》、略筮《りゃくぜい》があります。しかし、筮竹を入手するのが最近は難しくなってきたことと、利便性からいっても用いる人が少ないことから、本書では筮竹の使い方を省略させていただきます。

誰でもどこでも易をたてることができるように、サイコロとコインを使った易のたて方を解説します。

2 サイコロを使う場合

黒色の八面体のサイコロを1個、赤色の八面体サイコロを1個、六面体のサイコロを1個用意します。黒色のサイコロは外卦、赤色のサイコロは内卦と決め、これで卦を構成します。六面体のサイコロは爻を示します。これらのことはずっと変わりません。黒・赤の八面体のサイコロの数には意味があります。

一　乾で天
二　兌で沢
三　離で火
四　震で雷
五　巽で風
六　坎で水
七　艮で山
八　坤で地

爻を示す六面体サイコロの数は次の通りです。

一	初爻《しょこう》
二	二爻《にこう》
三	三爻《さんこう》
四	四爻《よんこう》
五	五爻《ごこう》
六	上爻《じょうこう》

三つのサイコロは手の中でよく振り、机の上に転がします。サイコロを振る時は、精神を鎮めて集中させ、占うことを心の中で思い、次の祝詞《のりと》を唱えます。

呪文のように思えますが、決まった言い方があるので、念のために記しておきます。

爾《なんじ》の泰筮《たいぜい》常《つね》有《あ》るに依《よ》る
爾の泰筮常有るに依る
（問筮者《もんぜいしゃ》＝質問者の名前）
某事件の成り行きに就《つ》いて
未《いま》だ知らざるを以て
疑う所を神霊に質《ただ》す
吉凶悔吝憂虞《きちきょうかいりんゆうぐ》
これ爾の神に在り
希《こいねが》くば明らかに之《これ》を告げよ

では、実際に易をたててみましょう。

たとえば黒色サイコロが五、赤色サイコロは四、六面体サイコロが二と出ました。五は風、四は雷ですから、風雷益の二爻を得たことになります。

3 コインを使う場合

コインを6枚用意します。十円玉でも百円玉でもかまいません。そのうちの1枚には何らかの目印をつけて他の5枚とは違うことがわかるようにしてください。たとえば、十円玉5枚と百円玉1枚を用意したとしますと、百円玉1枚は爻を示すことになります。

コインの表が陽、裏が陰としてください。

そして6枚のコインを下から上へ1枚ずつ並べていきます。これで卦を作ります。

では実際に易をたててみましょう。

たとえば一番下が陰、その次が陽、三番目が陽。これで巽の風の象ができました。続いて四番目が陽、五番目が陰、一番上が陽で離の火の象ができ、火風鼎となります。目印が五番目にあったなら五爻です。

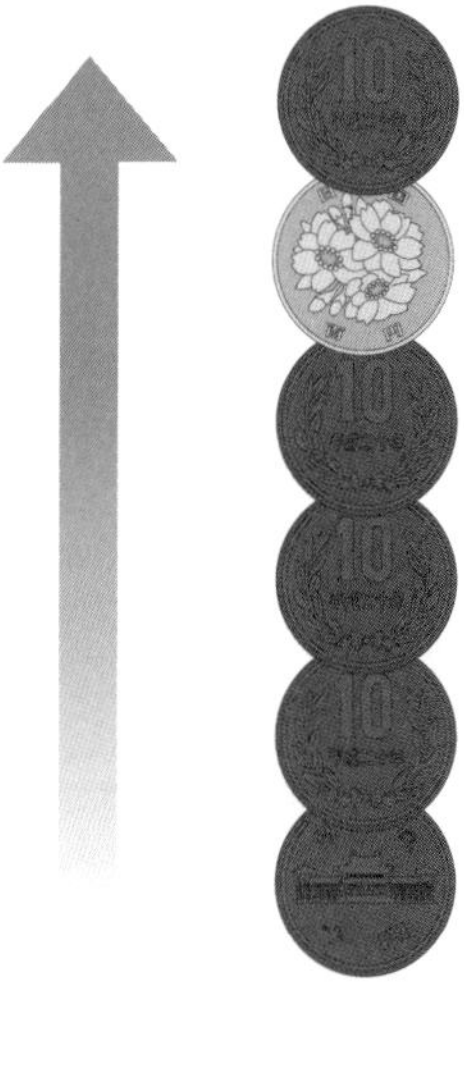

4 占的の決め方

易をたて、正しい判断をしていくためには、ただやみくもにたてるのではなく、最初に「筮前《ぜいぜん》の審事《しんじ》」といって、相談者（問筮者）の話をよく聞き、その内容や状態を知っておく必要があります。性別、年齢、現在の立場など、これらがあって初めて易をたてることができます。

次に占う的《まと》を考えていきます。これを「占的《せんてき》」といいます。

話を聞くことで状況が把握できたのですから、いろいろな角度から占的を作っていきます。

たとえば仕事について占うにしても、ただ仕事はどうか、とするのではなく、今後も順調にやれるようにと、具体性をもたせたほうが、はっきりとわかりやすい判断ができるものです。買い物ならば、これを買って結果が吉のように、です。占的が曖昧で漠然としていると、占う的もぼやけてしまいます。

なお、得た卦爻が自分にとって不都合であったり、気に入らなかったりしても、同じ占的で何度も占うことは慎んでください。これを再筮《さいぜい》といいますが、どれが正しい答えであるのかわからなくなり、判断に迷うことになります。迷いを断ち切るためにたてた易の意味がなくなり、自分自身が困ることになるでしょう。

第3章

六十四卦解説

(1) 上経

1 乾為天《けんいてん》

乾《けん》は、元《おお》いに亨《とお》る、貞《ただ》しきに利《り》あり。

【意志あるところに成功】

乾は「天」を示し陽です。次の卦、坤は「地」を示し陰です。また、乾は陽だけの純粋なものが重なった象《かたち》で、「健《すこやか》」、妨げるものがない、行動的なものと考えます。他にも剛毅、完全、充実、堅固、威厳、闘う、奪う、施すなど天の持つ無限の力を示しています。そこで乾卦では、希望が亨《とお》るとあり、そのためには「元亨利貞《げんこうりてい》」といって、動機が正しくて無理することなく持続させることを成功の条件としています。物事というのは、生意（やるき）が芽生えてそれに熱中し、やがて形になり、実を結ぶという一つのリズム、流れが大切で、そのどれか一つでも欠けてしまっては上手くいくことはありません。

【満ち満ちた状態】

占った人に、乾卦のいう力のある人とない人とでは判断に違いが出てきます。どのような立場、環境にあるのかをよく踏まえることが必要です。力のある人ならば、現在の良好な状態に慢心せず、今以上に大いに努力と工夫をし、情報を集めて足元を固めていくことが大切です。頂点に立つ人ほど「満つれば欠ける」を肝に銘じることです。力のない人ならば、「位あっても禄《ろく》なし」ですので、表面と内面とでは何らかの違いがあります。一見、平穏順調のようでいても、実際は中身が空っぽであったり、逆にまったく余裕がなく緊張感が続いていたりすることもあります。飽和状態でもあるので、これ以上多くを求めることは危険であるといえるでしょう。

【陽があって陰がない】

人間の営みというものは、朝があって夜があって、働いて休息してというように、朝だけとか働くだけとか、どれか一つに偏った状態ではありません。だからこそ生きていけるのでしょうし、良さがあります。乾卦は純陽で完全ではありますが、裏返すと妥協や隙間がありません。そこに弱さや脆さがあるといえます。陰と陽のバランスが保たれてこそ発展や成功を維持していけるのです。今は目標を失わず、怠ることなくたゆまず努力し、今後について考えていくことが最適といえるでしょう。

初爻

乾卦の始めで地面の中に潜んでいる竜です。社会でいえば新入社員のようなもので、どれほど力や能力があっても今はそれらの奮いようのない時です。考えていることは悪いことではありませんが、タイミングが合わないのです。チャンスの時が来るまで目立ったことをせず、じっと待ちながら力を蓄えることが得策です。積極さは裏目に出てしまい敵を作るので注意してください。

二爻

地面の下に潜んでいた竜が地上に現れました。つまり、今まで見えないところで努力してきたことがようやく認められる時です。何らかのきっかけが得られ、今後の明るい見通しが立ってくるので、良い流れとなってくるでしょう。その環境を生かして広く交際を求め、良好な人間関係や人脈を築いていくとさらに発展していくことが可能で、希望に胸を膨らませるでしょう。

三爻

揺るぎのない目標を持ち続け、日夜努力と反省を繰り返す毎日の竜です。手抜きは厳禁で、抜いたら抜いただけ失敗を招きます。慎重に過ごすことで現状を維持できているのですから、変化をさせることは凶となります。一見、良さそうに思える話や誘いに対しては用心しなければなりません。軽率な思考や行動は破滅です。全力で保身に努める、強靭な精神力と体力が必要な時です。

四爻

淵の中で行ったり来たりする竜です。精神的に落ち着かないこともあり、決心がつかず思い切った行動が取れません。また、目的を達成するには力不足の感もあります。心に迷いがあって踏み出せない、考えるだけで何もできない時に、急いだり無理をしたりしては結果的につまらない思いをすることになります。いつも通りに普通にやっているだけで十分な時といえます。

五爻

空高く飛んだ竜で誰の目にもどこからでも気づくことができます。高い地位や立場のある人ならば、部下などの目下に恵まれ、不足のない良好な時です。自分の持てる材料をフルに生かして今後の計画をしていくとよいでしょう。新たな境地を開拓できるかもしれません。一般の人ならば、難しい意味となります。空に浮かんだ竜は、やることがない、やりがいがない毎日を示し、微妙な時といえます。

上爻

乾卦の終わりで昇りすぎた竜です。自分の欲望のままにやりたいようにやった結果、退くことができません。まして前進することもできません。独断に走りすぎるのは失敗と後悔しかなく、人間関係、金銭、家庭など問題は山積みで深刻です。失ってしまった時間は二度と取り戻すことができないことと悟って、自分自身のこれまでの在り方を見つめ直すことが必要です。

2 坤《こん》為《い》地《ち》

坤《こん》は、元《おお》いに亨《とお》る。
牝馬《ひんば》の貞《てい》に利《り》あり。
君子《くんし》往《ゆ》くところあり。
先《さき》んずれば迷《まよ》い、後《おく》るれば主《しゅ》を得《え》て、利《り》あり。
西南《せいなん》に朋《とも》を得《え》、東北《とうほく》に朋《とも》を喪《うしな》う。
貞《てい》に安《やす》んずれば吉《きち》なり。

【受け身であることの良さ】

坤は陰だけの純粋なものが重なった象で、乾の無限の天に対し、有限の「地」、大地と考えます。大地は天の陽の気を承《う》けてはじめて万物を産み、育んでいくことができます。大地だけで存在することはできず、天と共に生長させていきます。つまり受け身であってこそ良さがあり、最も柔順な姿を意味します。他にも無、静、虚、母、おとなしい、卑しいなどの意味があります。乾卦は無条件に希望が亨るとありますが、坤卦は希望が亨るには「牝馬の貞」という条件がついてきます。この条件を必ず守るように心がけてください。

【背伸びではなく身の丈に合わせる】

「牝馬の貞」、つまり柔順なものが最も良く過ごしていくために必要なものは、協調協和、素直さ、すべてを受け入れる柔軟な態度です。そして自らが行動を起こして先頭に立つのではなく、人の後ろを歩いていく、ついていく。時には人まねでもよいくらいです。天にあたる何らかのリードするものに任せきればよいのです。自己主張はまったく不要であるといえます。また、無理のないやり方が大切で、自分に合わないことや背伸びをすることはやめるべきでしょう。周囲の流れに逆らうことなく合わせていくことができれば、いずれ方向性が見えてくるでしょう。

【現状維持で道が開ける】

目標が見つからない、健康や金銭面に問題があって思うように動くことができない、転職、転居、異動で環境に慣れず知らないことばかりなど、厳しい条件ばかりの時が人生にはあるものです。そのような時、ただやみくもに行動してみても、空回りするだけで苦悩するばかりです。まずよく周囲を観察し、同じようにやってみる、やりやすいことから始めると案外、次の手立てが見えてくるものです。現状に足踏みして足元を固めていくと、そのうちに理解者や仲間もできてきます。無味乾燥のように感じたことが無駄ではなかったと気づくでしょう。

初爻

坤卦の始めで、こんなことぐらい大丈夫と見逃しやすいことがあり、それが将来に大きな暗い影を落とすことになります。今が最も大切な時なので放って置かずにきちんとした手を打つべきでしょう。悪習悪癖は取り返しのつかないものになりますし、人間関係などは良くないと感じながら深入りしやすいので注意してください。甘い考えは厳禁です。

二爻

特別問題になるようなこともなく、心配事もなく平穏な時です。無理せず、ごく普通にしていても順調に事が運んでいきます。目線を上げず平凡を狙い、堅実な姿勢を心がけているとよいでしょう。金銭面には縁がありませんが、日常生活にさほど不便さや苦しさを感じることもなく過ごしていくことができます。坤卦の中では最も安定しているといえます。

三爻

非常に難しい立場にあります。すぐれた能力がありながら、今は坤卦という人に従うことが求められています。何事も目立たず周囲に合わせ、時には尊重し、決してやりすぎないこと。言われたことだけをやり、表舞台に立たないこと。それができないようであればいずれ酷い結果となって我が身に降りかかってきます。将来に不気味なものが潜んでいるといえます。

四爻

立場や環境には問題がありませんが、それをやり抜く能力がやや不足しています。そのことと自分の弱点を考えて、身を慎み、余計なおしゃべりをせず、控えめな態度であれば失敗することはありません。成功とまではいえませんが、マイナスを作らないということはとても大切なことです。生活も地味にして財布の紐を堅く締めるとよいでしょう。

五爻

平穏な時です。自分自身に良いものがあるのでおのずと周囲の人はそのことを認めてくれます。自分を優先させることなく私欲を持たず人を大切にし、連絡などはまめに取り合うとよいでしょう。目立たなくても「なくてはならない存在」だといえます。母親のことや法事などが出来事の中で大きな意味を持つことがありますので、年齢を考慮して判断してください。

上爻

坤卦の終わりで従うことの良さがまったくありません。むしろ互角に戦おうとする強い力が出てきてしまい、厄介なことになります。こだわり、偏見、意地などで争いの種を自らが撒き、その結果は傷つくだけで得るものは何もありません。今の状態は決して良いものではないので、考え方を変えるしかありません。こだわりは孤立を生み、すべてが悪い状況となります。

3

水雷屯《すいらいちゅん》

䷂

屯《ちゅん》は、元《おお》いに亨《とお》る、
貞《ただ》しきに利《り》あり。
用《もっ》て往《ゆ》くところあるなかれ。
侯《きみ》を建《た》つるに利《り》あり。

【行動はせずにじっと様子見】

屯卦は草の芽が地上に出ようとしているのですが、時が合っていないため、まっすぐに伸びることができません。これを卦の象では、内卦の震（陰・陰・陽☳）を「草の芽」「動く」とし、外卦の坎（陰・陽・陰☵）を「陥る」「困難」と表象しています。ここから屯卦は行動すると困難が多いと考えます。今は行動することが不利なので、無理な行為をせず、じっと様子を見ることが安全であるといえます。そうすればやがては困難な状態がなくなって希望が亨るでしょう。苦しい状況の時に焦ることなく自重できる人は、人々の信頼を得て、自分の世界を築いていくことができます。

【飛躍するための「生みの苦しみ」】

乾卦の陽と坤卦の陰が初めて交わり、新しい物事を創り出す困難が生まれるのが屯卦です。つまり、「生みの苦しみ」です。経験のないことを行うのですから、当然苦難が伴います。急いだり慌てたりすると失敗します。考えていることは的を射ているので、時間をかけて粘るのがよく、また時間はかかるでしょう。想像していた以上の苦しさで、そこから逃げず妥協せず、信念を持ち続けられた人だけが得られる喜びがあります。簡単なことではありませんが、将来に大きく飛躍できるものが秘められているといっても過言ではありません。

【足りないのは経験と能力】

若さ、気力体力の充実、能力など、一見不自由のない環境のように思えますが、何か欠けているものがあります。経験、資金、人材かもしれません。それが意外と大きな障害となるのが屯卦です。先走りするとつぶれてしまいます。条件が整うまでどんなに苦しくても目先に惑わされず、じっくり腰を据えて準備していくことが大切です。たとえば安易なアルバイトをするか、それとも技術を身につけるために勉強するかでは、その将来に大きな開きが出てきます。自分の志を忘れずに辛抱できるかどうかが問われます。また、挫折しやすいことも確かです。

初爻

屯卦の始めで、高い能力がありながら、苦難の時のため下積みの状態です。思うようにならず猛烈な焦りが生じますが、今動けば失敗することがわかっているので、軽率なことはしません。忍耐することが大切で、現状を維持しながら基礎を固めて時機を待ちます。「急いては事を仕損じる」は、このことをいうのでしょう。希望が亨るには時間がかかります。

二爻

精神的に苦しみます。さまざまな事情があって自分の希望に対してすぐに着手することができません。魔が差しやすく、そのような時に限って手軽なことに気持ちが動きます。今、変化を求めることや安易な行為は愚か者のすることです。ここが辛抱の時と覚悟をしましょう。長い年月のいる戦いとなります。

三爻

壮大な計画や発想をしやすい時です。それも思いつきなので始末が悪いといえます。物事の見方や考え方が甘く、動くことで悪い状況を自分から作ってしまいます。拡張路線、新規事は大凶で、望むものは何も手に入りません。むしろすべてを失うことになります。調子の良い話ほど警戒しなければなりません。欲を捨てることだけが助かる道です。

四爻

迷いが多く、考え方が不安定になりがちです。選択肢が多いともいえます。恋愛や結婚などならば、贅沢な悩みかもしれません。自分にとって何が一番大切で必要なことなのかがわかっていれば、目先のことを整理して良き方向へ向かうことができます。賢明なやり方が苦難の屯卦の時を乗り越えていく方法です。迷いを振り払いましょう。

五爻

自分の力量への計算が必要な時です。小さなことにはよいのですが、大きいことをするには不向きです。自分のできる範囲を読み違えて動いてみても、骨折り損になるだけでその効果はありません。控えめくらいの行動がちょうどよく、自分のことだけに目を向けていてもかまいません。屯の時はまだ終わっていません。あまり張り切らないことです。

上爻

窮極の苦難の状態です。それに加えてその処し方に対し、自らが確かな考え方や判断ができていません。このままではますます悪く辛くなるばかりで、苦難の道に沈み、一気にはまりこんでいきます。執着心を捨てて現在の生活様式を変えていくしかありません。保証問題などは身動きがつかなくなり、流す血の涙が乾くことがありません。注意してください。

4 山水蒙《さんすいもう》

䷃

蒙《もう》は、亨《とお》る。
我童蒙《われどうもう》を求《もと》むるにあらず。
童蒙来《どうもうきた》りて我《われ》に求《もと》む。
初筮《しょぜい》は告《つ》ぐ。
再三《さいさん》すれば瀆《けが》る。
瀆《けが》るれば告《つ》げず。
貞《ただ》しきに利《り》あり。

【求められて、教える】

前の卦の屯卦は初めてものが生まれる困難の意味でした。この生まれたばかりのものは蒙味なので、蒙卦には蒙味、子供、はっきりしないなどの意味があります。これを卦の象では内卦の坎（陰・陽・陰☵）は水、危険、憂う、悩む、不安、暗い場所とし、外卦の艮（陽・陰・陰☶）は、山、止まる、動けないことを表象しています。蒙卦には指導者がいて、この人からどんな態度で臨んだらよいのかを教えてくれています。また、教える側の在り方についても言及しています。強要するのではなく、求めている人が聞きに来て初めて行う行為で、惜しんだりえこひいきしたりすることがない正しい態度が大切であるといいます。

【謙虚さを忘るべからず】

教えを受ける人は、同じことを何度も聞いてはいけません。迷いが生まれるだけできりがありません。聞く側の態度が悪ければ、そこで教える人との信頼関係が崩れてしまい、蒙昧な状況を開くチャンスをなくしてしまうでしょう。不安に感じることや自信のないことには、それらを解消する努力が必要ですが、どう努力し、策を用いたらよいのかさえもわからないのが蒙昧の泣き所といえます。自分の立場は幼い子供のようなものと考えて、謙虚な態度を身につけてください。場合によっては静観することもよく、わからないままに動くことだけは避けることです。

【その道の専門家を探す】

蒙卦を得たということは、事情がはっきりしないこと、見通しの暗いことがあります。うかつに行動できません。健康面ならば精密な検査が必要ですし、家庭内のことであるならば、病人がいるとか手の掛かる子供がいるなど厄介な問題が出て頭を悩ませます。また、資格取得、受験などの勉強をするに当たっては、自分の実力はまだまだ低いものであることを自覚して人の何倍も勉学に励む努力が大切です。いずれにしてもよい相談者を探す、専門家の扉を叩いてみるとよいでしょう。きっと何か手がかりとなるものが見つかるはずです。

初爻

蒙卦の始めで、最も愚かな者を意味します。このような者に事を理解してもらうには、始めが肝心で、厳しくしっかり導くことが必要です。最初の一撃で決まるといってもよいくらいです。甘さは禁物ですが、その後はいつまでも厳しさを続けるのではなく、見守りながら様子を見てください。しつこさは反感を招くため、望んだ結果を得られなくなります。

二爻

蒙卦の中での指導者の立場にあります。人の面倒を見ることが多く、世話役などを任されます。周囲への配慮も加わり、何かと神経を使う骨の折れる時です。抱えていることとは一度に片づけるのではなく、一つひとつ当たっていくのがよいでしょう。また、自分でも気づかないうちに疲れが溜まっていますので、上手に休養を取るようにしてください。

三爻

異性関係や副業的にしていることなどに問題が出ます。考え方が悪いため、思い違い、勘違いをして大失敗をします。特に金銭が絡んでくると厄介なことになるので、決して深入りはしないようにしてください。どうしても目先に心が動いてしまいがちですが、まだはっきりしない不気味な何かが潜んでいるのが蒙卦なのですから。先は真っ暗闇です。

四爻

しばらく見通しのつかない状態が続きます。手助けとなるものが何もないだけでなく、どうやってそれらを求めたらよいのかさえもわかりません。自信も知恵も情報もないため、ズルズルして身動きが取れません。こういう時は状況に変化が起きて自分ができることを把握するまで様子を見るのがよいでしょう。手探りで歩くことは危険です。

五爻

自分がわからないことやできないことに対して謙虚に教えを受け、周囲の意見を素直に取り入れていくことができるので、良い結果になります。自分でやるよりも人に任せることがよく、特に若い人材が力となってくれます。取り巻く環境に何らかのツキがあるため、蒙卦の中では比較的順調に物事が運んでいくでしょう。ただし、独断は厳禁です。

上爻

蒙卦の終わりです。そのため蒙卦のいう、はっきりしないことに対して力ずくで当たろうとします。その態度があまりにも強すぎてやりすぎてしまい、人の恨みを買うことになります。大きな争いへと発展していくでしょう。今は仕掛けることより災いを防御することに専念すべき時なので、受け身の姿勢を取り続けることが大切です。

5 水天需《すいてんじゅ》

䷄

需《じゅ》は孚《まこと》あれば、光《おお》いに亨《とお》る、貞《てい》なれば吉《きち》なり。大川《たいせん》を渉《わた》るに利《り》あり。

【どれくらい待つかが重要】

前の蒙卦は幼い者をいい、その者を養ってやらなければなりません。そこでこの需卦は養い、飲食、待つを意味します。卦の象では内卦の乾（陽・陽・陽☰）には力がありますが、その力で当たっても、外卦の坎（陰・陽・陰☵）の険阻《けんそ》な妨害があるので、今は待つことがよいと表象します。大事なことは待つ間に、ただ過ごしているのではなく、養うこと。何を養うかは、占った事に対してさまざまですので上手に当てはめてください。また、どれくらいの時間を待てばよいかがとても重要です。坎の妨害に対して見通しが立つまで、安全に動けるまでひたすら待ちます。

【自分自身の弱点を知る】

需卦は、自分で何が妨害なのかがわかっています。自分に欠けていること、弱点を理解している賢さと、しっかりした考え方があります。そのため、焦ることなく待つことができ、その後で行動を起こすため問題が起きません。ワンテンポずらす、待つ間に見えないところでアヒルが水をかくように努力をしている、ここが希望が亨る秘訣といえるでしょう。反対に待たずに行動すれば、簡単に失敗します。災いの中に自ら飛び込むようなもので、つまらない思いをします。難しいことではありません。何事もじっくり待った後に行えばよいのです。今は待つのみ。

【養生が開運の鍵】

需卦には飲食の意味があることから、病気には食養生がよいと考えます。六十四卦の中ではこのほかにも水風井、山雷頤に「養い」の意味があります。食べることを大切にせよということは、それだけ体調不良であり、食生活が乱れているといえます。また、普段の日であれば、食べ物にツキがあることを示し、食事がおいしい、ご馳走されるなど、飲食に関して楽しい時間を過ごすことができます。時間をかけて待つことができる、養生できる余裕があるのが需卦の良さです。急ぐ必要はありません。一つひとつクリアして目標を達成していきましょう。

初爻

待つことの始めです。外卦坎の険阻から最も遠くに離れていて立場も良いので、今、特に行動する必要はありません。わざわざ無理をすることもなく、普段と変わらずに過ごすことがよいのです。考えていることに対してやめる、諦める、断ることが未練なくできるため、失敗することなく時を待つことができます。

二爻

二爻は外卦坎の険阻に一歩近づきました。そのため多少の非難、中傷、小言などのトラブルがあります。起きてくることに対して気にせず、収まるまで待つことができるので、悪い結果にはなりません。大きなトラブルではないので、反論や言い訳はしないようにしましょう。待てる余裕を最大限に生かし、答えが出て結果が見えてから動くようにしてください。気分に左右されないことが大事です。

三爻

三爻は、外卦坎の険阻に接しているため、非常に危うい立場にあることを意味します。じっとしていることも辛く、それでいて一歩でも動き方を間違えたら命取りになります。用心に用心を重ね、全神経を使わなければなりません。事故や詐欺に遭うこともあり、災いと背中合わせにいることを常に意識してください。自らが災いを招き寄せることもあります。

四爻

四爻は、坎の険阻に入り込んでいて、トラブルの渦中にあってその様子を見ている状態にあることを意味します。状況をよく確かめずに動けば、傷つき嫌な思いをします。ギリギリまで動かず事の成り行きを見守るほうが最善策です。「ついうっかり」は許されません。自分の弱い立場と難しい状況にあることをしっかり自覚してください。

五爻

トラブルや自分の希望に対してゆったりと時を待てる余裕や環境の良さがあります。気長に構えて表立ってはのんびりとしていて動きません。半面、見えないところでの準備は確実にしっかりと行い、後は時の流れに任せます。食べて飲んで楽しみながら待つことができるともいえます。待つべき時にきちんと待てる人に失敗はありません。

上爻

待つことの終わりです。思いがけない出会いなどの巡り合わせが起きて、今の状態から次の段階へと変わっていくこととなります。人の助けによって動くことができるので、来たものに対しては丁寧に対応することが良さを生みます。自分だけの考えにこだわる必要はありません。また、やれる範囲で行動してみることもよく、ようやく動き出せる時といえます。

6 天水訟《てんすいしょう》

䷅

訟《しょう》は孚《まこと》ありて窒《ふさ》がる。
惕《おそ》れて中《ちゅう》すれば吉《きち》。
終《お》えんとすれば凶《きょう》。
大人《たいじん》を見《み》るに利《り》あり。
大川《たいせん》を渉《わた》るに利《り》あらず。

【争いはほどほどでやめること】

訟卦は争いを意味します。喧嘩《けんか》です。それを卦の象では、外卦の乾（陽・陽・陽☰）が強引な力で内卦の坎（陰・陽・陰☵）の下の者をねじふせようとし、下の者は陰険に抵抗することで争訟が起こることを表象しています。争いというものは、自分の言い分が通らない時に起こります。そしてどんなに正しい主張であっても最後までとことん争うことは良くありません。物事をいっそう複雑にし、難しくさせてしまいます。ほどほどでやめること、言い分を伝えること、力があり、正しき判断のできる人に相談してみることで良い結果を得ることができます。無理は一切通用しません。

【すべては始めが肝心】

乾の天はどこまでも上へ向かい、坎の水はどこまでも下へ下へと流れて交わることがありません。溝は埋まることなく、平行線のままです。交渉事で考えてみればよくわかることで、食い違ったまま妥協の余地がありません。決裂です。思い通りにはなりません。このことを踏まえて、何か事を起こす時には、すべて始めが肝心で、食い違いや考え違いが起こらないようによく計算し、熟慮する必要があります。争いにならないようにするための歩み寄りとはどんな方法をいうのか、無理と感じたら速やかに手を引くことも穏やかなやり方といえます。

【無駄に粘らず一から出直すべき】

訟卦を得たということは、まったく希望が亨りません。無理なことや合わないことをしようとしますから「訟」なのであって、中止する方向でいくほうが無事を得るでしょう。恋愛や結婚ならば、相手とは性格、価値観、環境に隔たりがありすぎて、続けてみても喧嘩をくり返すだけで良さがありませんし、まとまることは皆無です。他の事柄でもすべてに支障が出てきます。粘る行為は時間と労力、時にはお金を無駄にするだけです。目標設定を変えて一から出直すとよいでしょう。

初爻

争いの始めです。何らかの手違いが起きて争訟するようになります。自分には争訟を押し切る力はなく、長引くことになるとかえって不利になるばかりです。もともと争訟というものは長くやるものではありません。自分の主張を明らかにし、認めてもらうようにしたら、さっと切り上げるのがよいでしょう。時間をかけずに済ますことです。

二爻

まったく勝ち目がありません。向かう相手や事柄にこちらがつけ込む隙もなく、対抗していく力もありません。そこで災いが身に降りかからないようにするために、早々に目立たない位置に逃げてしまうのがよいでしょう。これ以上深入りすることは、自分から心配事や災いを拾いに行くようなものです。恨みを買わないように分を守ることをおすすめします。

三爻

これまでの実績によって今の状態を維持していくことができます。本分を守るため穏やかに過ごせる時間といえるでしょう。争うことなどはなく、人からの誘いに対しても自分から仕掛けたり、変化を求めたりすることがないので、結果的に訟卦の中で唯一争いを好まない保守的な爻です。「有るもの」で事を済ませてしまうのです。

四爻

闘争心をかき立てることがあります。しかし、争ってみても負けるとわかっているので無理をしません。考え方を変えて穏便に事を進めることを選びます。その慎重さが身を救います。失敗するリスクを回避できるというのは、発想に柔軟性があるのでしょう。思うだけで行動しません。また、急な変更事があるので心の準備をしておきましょう。

五爻

五爻は争訟においての裁判官に当たることを意味します。つまり公平な正しい考えをし、判断することを意味するため、トラブルやアクシデントに対していろいろと的確な手段を用いることができます。手順を考え、根回しをするので、それなりの結果を出すことができるでしょう。手抜きは一切通用しませんので、一つひとつ丁寧に事に当たっていってください。

上爻

争いの終わりです。そしてその争いに勝ち、利を得ることができます。しかし、その勝ち方はあまりにも強引すぎてよいかたちではありません。後に恨みや憎しみ、裏切りなどの苦難を生み出すことになります。手にしたものは一時的なもので永く保つことはできません。必ず失うことになるでしょう。争いには勝たなければなりませんが、「勝ち方」があるのです。

7 地《ち》水《すい》師《し》

䷆

師《し》は貞《てい》。丈人《じょうじん》なれば、吉《きち》、咎《とが》なし。

【勝利が絶対条件】

師卦は軍隊、戦争の意味です。それを卦の象では、内卦の坎（陰・陽・陰☵）は水、危険とし、外卦の坤（陰・陰・陰☷）は地で従うとし、そこから普段は目立たないところで農耕をしていますが、戦争になると兵になることを表象しています。軍隊にはすぐれた指揮官が必要で、その戦いは悪を討つという理由があり、正義の戦いでなければなりません。能力のない者を指揮官にしたのでは、ただ単に好戦的であるばかりでなく、功名を焦り、敗北を招きます。生命、財などを失う破壊と犠牲があるだけです。戦争は勝つことでしかその罪を免れません。必ず勝つことが条件です。

【勝つための用意周到な準備】

師卦は戦争を意味するので、目立たない所で意外な苦労があったりします。気になることはどんなに小さなことでも油断することなく十分に対処していかなければなりません。自分が今、行っていることは「戦争」なのだという覚悟がないと、致命傷になるでしょう。勝つことは絶対に失敗しない、必ず成功すること、つまり自分が完璧にできること、勝てないものには始めから手を出さないことをいいます。加えて、内情を知られないようにし、信頼できる人の存在も重要になってきます。人材、装備が不十分であったなら、戦争することはできないのです。

【自分の立ち位置を確認すべき】

軍隊という見方をすれば、命令を下す王、軍を動かす指揮官、兵の三つの立場があります。自分はどの立場に当たるのかを把握することで立ち位置を明確にしていきましょう。行動しやすくなりますし、失敗することもなくなります。地水師を辞《ことば》だけで理解すると、ただ戦争を思い浮かべるだけで、そこに込められている事の重大さがわかりません。勝つか負けるか、命をかけてやるもの、人生の正念場であることを認識してください。仕事、健康、家庭、色事でも中途半端にしておけないことがあるはずです。ここをどう切り抜けるか、作戦が必要です。

初爻

戦争の始めで軍隊の出陣の時です。この最初がとても大切で、戦いについてしっかりした決め事、ルール、計画を作らなければなりません。それがないとたとえ戦いに勝ったとしても、つい気持ちにゆるみが出たり、配分で揉めたりと、結果的に失敗してしまうでしょう。途中変更などは厳禁です。契約事をする時は、特に慎重さが必要となります。

二爻

軍隊の中の指揮官に当たり、勝つ戦いをします。このことから、「目上の引き立て」や「周囲からも信頼されて良いことが三度ある」ことを意味します。自分が狙っていることを実現できるので、満足感を得られる飛躍の時です。今以上に良くなるために、このチャンスをどう生かし、今後につないでいけばよいかを考え、手順良く行動してください。

三爻

能力が不足しているにもかかわらず、身の程知らずの戦いをして大敗、戦死することをいいます。ほどほどで手を引くことができませんので、すべてのことについて積極策は見送るべきでしょう。始めにちょっとうまくいったことが後に厄介となり、苦労するだけとなります。勝ち目のない戦いをすることほど愚かなことはありません。犬死です。

四爻

自分に不利な戦況の時には、戦わずに退却することをいいます。自分の能力や立場をよくわかっているので決して無理をしません。戦いに負けないということは、失うものがないので、ある意味で勝つことと同じ価値があります。周囲から何と思われようが、何と言われようが、かまいません。面子や体裁よりも生き残ることが大切です。安全を第一に考えましょう。

五爻

やればやっただけのものを手にすることができる好条件のある時です。そしてもっと多くのものを手にするには、相手の言い分を盾に取り、弱みにつけ込むように行動します。必ず勝てますが、情に負けて人選に誤りがあると、せっかくの成功を捨ててしまうことになります。「駄目なものは駄目」という厳しさを持ちましょう。今は戦争の真っ最中なのです。

上爻

一つの節目がやってきました。戦争が終わり、いよいよ論功行賞の時です。これまでの戦いで功績のあった者にはそれ相応のものが与えられる喜びがあります。戦争という大きな問題に決着がついたことを意味しますが、すべてが片づいたわけではありません。気になる何かが残り、そこから目を離すことができません。気持ちを引き締めてください。

8
水《すい》地《ち》比《ひ》

比《ひ》は吉《きち》。
原筮《げんぜい》するに元永貞《げんえいてい》にして、
咎《とが》なし。
寧《やす》からざるものまさに来《きた》る。
後夫《こうふ》は凶《きょう》。

【ずっと仲良くできるかを自問】

比卦は親しむ、仲良くする意味で、それを卦の象では内卦の坤（陰・陰・陰☷）の大地に、外卦の坎（陰・陽・陰☵）の水が染み通る、密着して隙間のないことを表象しています。親しむというのは、自分がその人（事）に対して変わらずにずっと仲良くしていけるか、途中で嫌にならないかをよく自問してからでないとうまくいきません。また、そうしたきちんとした考えのある人に対しては、多くの人が近づいてきて親しみたいと望むものです。それをグズグズ迷っていては出遅れてしまい、残念ながらせっかくの良いチャンスを逃してしまう恐れがあります。

【必要なものかよく吟味する】

比卦は、自分に仲良くするだけの能力や器があるかということと、仲良くするものが自分にとって本当に良いものなのか、必要なものなのか、無理はないのかをよく考えなさいといいます。仲良くするものが学問や教養、趣味などその内容が良ければ将来にわたり、永く役立つものになります。反対に悪いものであったなら、その結果は凶です。嗜好品、人間関係などはやめることができません。だから「原筮」といって、よく確かめることが大切なのです。また比卦は「非常に人気がある」の意味があり、競争の激しい面があります。試験には準備が必要となります。

【「悪いこと」でも仲良くなってしまう恐れ】

「仲良くする」というと、言葉の響きから何か良いことのように考えがちですが、病気を占って得た場合は、厄介なことになります。病気と仲良くすると考えますので、長引いてなかなか回復しません。外卦に坎があって痛みを伴います。「仲良く」だから良いとか、難しい卦だから悪いといった短絡的な読み方を易はしません。そこが「易は難解」といわれる所以《ゆえん》なのでしょう。得た卦はいったい何を意味しているのか、じっくり考えてみてください。深い味わいがあります。人生は選択の連続です。プラスかマイナスか。損のないように。

初爻

親しむことの始めです。自分自身が仲良くしようとする対象に対して、誠実さを失わず、ずっと続けられるという確信が持てたなら事を進めてもよいでしょう。そのようであれば意外な巡り合わせがあって良い結果を得ることができます。大事なことは期待を裏切らない、裏切られないようにすること。無理なら最初から手を出さないことです。

二爻

自分の見識で事を選択することができます。「与えられたもの」ではなく、自分が選ぶ、答えを出すのです。「自分流」とでもいうのでしょうか。主体性を大切にします。反対に人任せはよくありません。周囲につつかれて心を乱され、つというっかりその気に、とならないのが、この爻の強みといえます。自分を大切にできる人は良い結果を得るのです。

三爻

良くないものと親しんでいる状態です。早く離れたほうがよいのですが、なかなかできない環境にいます。賭け事やドラッグをやる、詐欺に引っかかることもあり、要注意です。自分が望んでいるわけではなく、心ならずも悪い誘惑などを受ける立場にいて苦しんでいるともいえます。新しいことをやれば傷つき痛々しい結果となるでしょう。

四爻

今まで親しんでいたものよりも、もっと良いものが現れます。自分が求めていたものや効果のないものを続けるよりも、別のものを選ぶほうがよいのです。方向性を変えることでつまらないものとの縁が切れて、楽しい思いをすることができるでしょう。人の勧めに応じてみるのもチャンスをつかむきっかけになります。固定観念は捨てることです。

五爻

人気が高まり、注目の的になっています。やりたいようにやり、思う通りになる、不足のない時となるでしょう。だからといってすべてを手にしようとすれば周囲から警戒されて孤立していく恐れがあります。ルールや枠組みが必要で、自分の欲望を七割ぐらいに抑えておくほうがベストであるといえます。特別な何かをしなくても絶好調なのですから。

上爻

親しむことの終わりです。始めにグズグズと迷ったり疑ったりしていたために、出遅れてしまいました。チャンスを逃してしまうのです。これ以上手遅れにならないように手を打つべきでしょう。切らないスタートにゴールはなく、無から有は生まれません。ましてや気になりながら何もしないなどというのは論外というしかありません。

9 風天小畜《ふうてんしょうちく》

䷈

小畜《しょうちく》は亨《とお》る。
密雲《みつうん》して雨《あめ》降《ふ》らず、
我《わ》が西郊《せいこう》よりす。

【お預けを食らう】

小畜卦は少し畜《とど》める、少し引き延ばされる意味があります。これを卦の象では外卦の巽（陽・陽・陰☴）の陰卦が、内卦の乾（陽・陽・陽☰）の陽を畜めるので、その力は弱いということと、別の見方をすれば、一つの陰が五つの陽を畜めることをいい、これは女性が男性を引き止めるようなもので、拘束力が弱いことを表象しています。卦の特徴は自分の希望に対してすぐにでも何とかなりそうな様子がありながら、なかなか事が進みません。良い香りがしているのに実体がつかめない、料理を目の前にしながらお預けを食っている状態をいいます。

【新規のことは見送るべき】

外卦の巽には風の意味があり、風には実質的なものがありません。人間の感情では未練や執着心をいい、これが小畜の少し畜められてしまう原因になります。よい意味でのこだわりとは別のものですから、振り切らないといつまでも引っかかり、本来の自分を取り戻せなくなるでしょう。当然、希望していることが叶うことはありません。大きいことをするには難しく、新規のことは見送るほうがよいでしょう。時間をかけてみても案外、使えない、役に立たないものであったりします。早くその正体に気づくことが大切です。思わせぶりが小畜なのです。

【色恋沙汰に要注意】

小畜を得て厄介な事柄には、色事、金銭貸借があります。色事は刃傷沙汰になることもあるので、相手をよく選ぶことと、別れ話には細心の注意を払う必要があります。貸借も相手からいろいろと言い訳をされ、返済期日を守ってもらえることはなく、苦々しい思いをするだけになります。また、巽には「潜む」意があることから、気配がある、怨念なども考えられ、原因のはっきりしない不思議な出来事や現象に対して障《さわ》り祟《たた》りがあるとみます。何をやるにしてもすっきりしたところがありません。こういう時は小さく考えて才芸を磨くことが一番です。

初爻

今まで引き止められ間違ったことをしていたのですが、それをやめて本来の自分のやるべきことに向かうことができます。過去を整理して一から出直しの時です。復学、復職、復縁など元の居場所に戻れるよい機会で、これをきっかけに発展とまではいかなくても少しずつ良い方向へ動いていくことができるでしょう。その気になった今が行動の時です。

二爻

一人で行動することに不安と戸惑いがあります。なかなかその気になれず時間がかかりますが、焦る必要はありません。しばらく様子を見るのもよいですし、仲間を見つけて一緒に行動してもかまいません。むしろそのほうが失敗しないでしょう。意思の強い人を探して手を引っ張ってもらうことで、自分の気持ちを再確認し、心を決めることができます。

三爻

小畜の中で一番厄介な爻です。家庭問題、夫婦喧嘩が絶えないなど、争い事が多い波乱の時です。離婚話が持ち上がり、別居となるかもしれません。いずれにしてもすべてが泥沼状態です。これらは自分自身の身勝手な欲や思考が招いた問題です。大切なものを忘れてしまっていることに気づくべきでしょう。また交通事故に遭いやすいので注意してください。

四爻

これまでのことに対してのこだわりがなくなり、その時その時の状況に合わせていきます。百パーセントの満足は得られませんが、これ以上無理をすることをしないので、ほどよいところでまとまるでしょう。心配事がなくなるので一安心です。いつものように過ごせるというのは、平凡ではありますが、心地よいものです。

五爻

平穏な時です。自分だけが良くなることを考えず、周囲と協調しながら行動を共にします。当然のように分配されるものは少なくなり、取り分は減りますからうま味がある状態とは思えません。しかし今はそれがよいのでしょう。小畜は「少し」くらいが安全です。残念ながら財運に縁はありません。良き人達がいてくれることを宝としましょう。

上爻

少し畜められていたことの終わりです。やるだけのことをやってきたので安心して過ごすことができます。ですから、これ以上の欲は持たないほうがよいでしょう。変な未練から多くを求めたり、深入りしたりすることは避けなければなりません。一区切りついたと思い、忘れてしまうくらいでちょうどよいのです。引き際が肝心です。くれぐれも間違えないように。

10

天沢履《てんたくり》

虎《とら》の尾《お》を履《ふ》む、人《ひと》を咥《くら》わず。
亨《とお》る。

【相手に気に入られることが大事】

天沢履は非常に危険なものが目の前にあることを意味します。それを卦の象では、内卦の兌（陰・陽・陽☱）の少女の上に、外卦の乾（陽・陽・陽☰）の父、剛強、ここでは危険な虎がいることを表象しています。この危険なものに対して扱い方がよければ致命的な傷を受けなくてすみます。では、どのような扱い方ならよいのでしょうか。「虎」を退治するには力ずくではかないません。怒らせない、相手に思わず笑みがこぼれるように喜ばせる、気に入られるように礼儀を忘れないなど、細やかな配慮が必要です。扱い方を間違えたら、牙をむかれ、食い殺されて一巻の終わりです。

【あなたにとって最も苦手なもの】

人さまざま、難しいと感じることや苦手なものがありますが、その最も嫌だと拒絶したくなるものが「虎」に当たります。学校、仕事、健康、人間関係などあらゆる所に存在しています。何とかなるだろうといった甘い考えは一切通用しませんし、中途半端に手を出すことは無謀な行為といえるでしょう。この卦を得た時は、「虎」はいったい何なのかをつかむことから一歩が始まります。そして自分の手に余るものであると感じたなら、中止の方向でいくのがよいのです。ただし、離れるという行為には離れ方があることを忘れないように。相手は虎なのですから。

【釣り合わない交際関係】

天沢履は「女の裸身の象」という見方があって、その名の通り女性の裸を意味します。色事でかなり年齢差のある交際や、不倫関係など、釣り合わない縁であるために、女性は誠意を踏みにじられることがあります。もちろん男性にとっても怖い相手となりますので、気をつけてください。お金の絡んだ問題がある場合は、言葉では言い表せないような恐ろしい思いをします。このほかにも交通事故に遭うこともあり、気の休まることはなく、神経を張り巡らさなければなりません。「虎」の存在を常に意識してください。

初爻

虎の後ろを歩くことの始めです。無欲の人なのかもしれません。特別希望するものがなく、いつものように自分のペースでさらりと歩んでいきます。周囲の状況に惑わされることがないので、失敗することがありません。つまり噛みつかれないのです。反対に、何かに依存したり欲を出したりすると、虎が「待ってました」とばかりに噛みついてくるでしょう。

二爻

目の前の危険な誘惑に対して微動だにしません。世の中の流れに乗ることもなく、むしろ背を向けている感じです。自分のやるべきことを粛々と行うため、飛躍することはありませんが、失敗することもありません。まるで世捨て人のような有様ですが、この感覚が功を奏することになります。自分の身は自分で守るしかないのですから。

三爻

「虎」の恐ろしさを知らない愚かさのために、平気で危険な橋を渡ってしまいます。できもしないことをできると言い、やれもしないことをやってしまいます。むちゃくちゃな行動から取り返しのつかない大失敗をします。身の程を知って欲望を抑えなければなりません。この失敗で二度と立ち上がることはできないでしょう。完全にアウトです。

四爻

立場が悪いせいか、虎の尾を履んで危険を冒してしまいます。しかし慎重に対処していく賢さがあるため、致命的な傷を負うことなく無事に通り抜けることができます。仕事での連絡ミスや貴重品の置き忘れなど、つい気を緩ませてしまう時にこそ落とし穴があることを忘れてはなりません。対処法が良かっただけの話で、虎はそばにいるのですから。

五爻

まったく歯止めがききません。それだけ好調なのでしょう。強気一辺倒で事を押し切っていきます。周囲はそれに対して無言で従いますが、心の底はどうなのかわかりません。このまま過信してやりすぎてしまうと、後で孤立してしまうでしょう。自分の考えていることは本当に正しいことなのか考えてください。今はあなた自身が「虎」になっているのです。

上爻

今までどうやってきたのか、どう過ごしてきたのかで事の吉凶が変わります。「虎」を意識しながら努力を続けてきた人は、良い結果を得られますが、やり方が悪かった人は不運の結果となります。人間にはどう生きてきたかを問われる瞬間があります。勢いに乗っている時には感じなかったことでしょう。このあたりで己を振り返るのもよいものです。

11 地天泰《ちてんたい》

䷊

泰《たい》は、小往《しょうゆ》き大来《だいきた》る。
吉《きち》にして亨《とお》る。

【我が世の春を謳歌する】

地天泰は希望が亨ることをいい、安泰を意味します。それを卦の象では、乾の天（陽・陽・陽☰）が内卦の下に降り、坤の地（陰・陰・陰☷）が外卦の上に昇っています。人間社会でいえば王が庶民の立場に立ち、互いに思いやり、気持ちが通じ合うことをいいます。一見おかしいように思えますが、それこそが天と地が交わり、通じ合うことを表象しています。頭を悩ませる難しい問題もなく、健康で順調に物事が進んでいく……この世の春、我が人生に不足無し。思う存分に生きることを楽しめる時がやってきました。好調の波に乗るとよいでしょう。

【目標達成後こそが大事】

安泰の時を迎えられる理由というのは、やり方が良かった、もしくはこれまでずいぶんとがんばってきた証で、それが一つのまとまりを見せ、やれやれ一安心と峠を越えた感があるからです。のんびりしたい気分ですが、ここでもう一度気を引き締めて、この安泰が永く続くように新たに備えていくとよいでしょう。好調な時というのは案外、短いものです。目的を達成した後が何より大事ですから、時間、体力など余裕のあるうちに将来のことを考えていくべきでしょう。安泰だからといって休息をしてもよい、というわけではありません。

【病占では要注意】

ここで注意してほしいことは、病気を占って得た場合です。特に病気の初期であったならば、これから病気の勢いが増すことをいいます。つまり病気ががっちり安泰、根を張ってくるということです。十分な対処を必要とします。普通の健康運ならば問題はなく、心配いりません。運勢が地天泰の時ならば、仮に病気になっても無事に回復することができます。このあたりが易の読み方の難しいところでしょう。一般的には地天泰を得て悪いことは少ないと考えます。また、自分の周りにあるものを上手に活用することができるので、探してみてください。

初爻

安泰の始めです。良いことを占った場合なら、しばらく良いことが続きます。心配いりません。しかし悪い事や問題を抱えている時は、反対に次から次へと悪いことが続きます。良くない交際などは縁を絶ち切れず、厄介なことになるので早く解決するように動くことが大事です。何が「安泰」なのかをよく考えてみてください。曲者の爻です。

二爻

「安泰」の真っ盛り。大胆な行動ができ、思うようになります。すべてに好調なだけに、馴れ合いや自分に緩みが出ないようにしなければなりません。ぬるま湯に浸っているような状態が起こりますから、私情は絶対に禁物です。時には刺激など自分に鞭を打つことがあってもよいでしょう。旧友から連絡があるかもしれません。

三爻

切り替わりの時です。今まで安泰だった状態も、このあたりから崩れてきます。永遠に続くものなどなく、忘れていた苦しいことがまたやってきます。これは誰にでも訪れることで、世の常でありましょう。今はまだ何とかなっていて困ることはありませんが、これから先は確実に難しくなっていくでしょう。潮時を見極めなければなりません。

四爻

一見よく見えるために不都合がないように思いますが、内実はかなり難しくなってきました。安泰といってのんびりはしていられません。身の回りの整理など、身軽になる準備を始めましょう。周囲の人の動きにヒントがあります。それを見て行動を同じくすることも悪くありません。いち早く「機」を見て敏感に動いていくことに吉があります。

五爻

完全な守りに入る態勢を整えてください。自分を守るためには年齢、性別、地位、職業などにとらわれず、活用できるものはすべて活用していくのです。そうすることで安泰を取り戻すことが可能になります。案外、助けとなる好人物の出現もありそうです。できることならこれ以上の上を狙うより、今あるもので満足するほうが無事といえるでしょう。

上爻

安泰の終わりです。今まで築き上げてきたことも一気に崩れ落ち、素の状態に戻ることになります。それでも人間というものは、何とかしようと模索しますが、それはもはや悪あがきでしかありません。無駄に無駄を重ね、時に大金をかけてしまい、周りや家族からも苦言を受けることになります。駄目なものにしがみついていても仕方がありません。

12

天《てん》地《ち》否《ひ》

否《ひ》の人《ひと》にあらざる、君子《くんし》の貞《てい》に利《り》あらず。大《だい》往《ゆ》き小来《しょうきた》る。

【災難を受けないように隠れるべき】

否卦は「否《ふさ》がる（塞がる）」の意味で、前卦の地天泰を反対にした象です。外卦の乾の天（陽・陽・陽☰）が上に、内卦の坤の地（陰・陰・陰☷）が下にあって問題のないように思いますが、これでは陰陽の気が交わらないために万物が生育されません。この状態を「人道に背く」と表象し、卦辞で「人にあらざる」といいます。また、陽の大の良いものが消えていき、陰の小の良くないものが盛んになってくる時です。このような時は正直なやり方をしてみても、何の利益も得られません。むしろ災難を受けないように目立たない態度でいることが安全といえるでしょう。思うようになりません。

【八方塞がりの状態】

天地否というのは、ごく当たり前の普通のことが通用しません。失意、失業、病気、家庭内の不和など八方塞がりの状態を経験することになり、泣いてばかりの毎日となるでしょう。そんな時に自分一人がしゃかりきになってがんばってみても、傷つき苦労するばかりです。悪いなら悪いなりにその低迷した流れに合わせていくしかありません。黙ってじっとしていることがよく、打つ手なしと思ってください。何事も思うようにならない天地否の時間というのは、考えている以上に永いものになります。どうあるかは「君子の貞に利あらず」といいます。

【解決策を考える】

寒い冬が嫌いな人にとって冬は「否」です。暑がりの人に夏は否です。空腹なのに食べる物がないことも否。勉強が嫌いな人にとって受験は否。お金がないのも否です。普段の生活の中に否の状態はたくさんあるものです。そんな時、どうやって過ごしてきたかを考えてみれば、否の上手な解決法が見えてきます。空腹なら手の込んだ料理をして時間をかけることは、否が永く続いてしまいます。これでは耐えられません。インスタント食品や軽食で済ませたら、否はあっという間に消えてしまいます。これが「貞に利あらず」です。出来事を易に置き換えてみましょう。

初爻

否がる始めです。これからどんどん思い通りにならない悪い状態が進んでいきます。良くない仲間に引き込まれたり、望まない環境に置かれたりします。このまま今の状態を続けてみてもよいとは思えません。これまでの考え方ややり方を変えてみるのも一つの方策ですから、「否」の状態を改善していくことも可能となります。放置は凶です。

二爻

否がる状態のど真ん中で、真っ暗闇です。やることなすこと何もかもバラバラで、思うようにならないでしょう。用いる手段に甘さや見当違いがあるようです。時には人の忠告を素直に聞き入れるべきでしょう。天地否の中で一番厄介で骨が折れます。継続してやっていることはもちろんのこと、新規事に着手することは不可能となります。

三爻

事の良し悪しは別として、自分自身に恥を感じながら、自分本位に行動してしまいます。なりふり構わずの姿勢は、目先は何とかなっても、後々まで周囲から悪く言われることとなります。軽蔑されてしまうのです。今の流れは「否」です。妙な欲をもってズルい考えをするようなことはやめましょう。それが無事を得る方法です。

四爻

否がる状態の半ばを過ぎました。何らかのきっかけにより、今の状態を打開できる可能性があります。苦しい時に自分にとってのマイナスとなるものを作らなかったことも手伝い、状況によって行動していくことができるでしょう。明るい方向へ来ていることは確かです。焦らず無理せず、チャンスを待って進んでいってください。朗報が入るかもしれません。

五爻

否がる状態の出口が近づいてきました。何とかなりそうに思えてきますが、それでもまだ「否」です。一時休止しているだけで終わってはいません。いつ何時、また前の状態に引き戻されるかわからないので、決して油断せず、気を引き締める必要があります。慎重に、慎重に。時間をかければ必ず抜け出せるのです。急ぐことはありません。

上爻

待望の時がやってきました。否がる状態の終わりです。これは自然にそうなるのではなく、一生懸命がんばることで「否」を打開することができるのです。大事なことは諦めないこと。人間の性の一つに「努力」というものがあります。そしてそれは他でもない自分がやることであり、自分しかできないものでもあります。チャンスの扉を叩いてみましょう。

13 天火同人《てんかどうじん》

䷌

人《ひと》に同《おな》じうするに野《や》に于《おい》てす。
亨《とお》る。
大川《たいせん》を渉《わた》るに利《り》あり。
君子《くんし》の貞《てい》に利《り》あり。

【公平無私の精神】

同人卦は人を集める、仲良くする、同じ仲間、などの意味があります。これを卦の象では、外卦の乾の天（陽・陽・陽☰）が上にあり、内卦の離の火（陽・陰・陽☲）が上へ昇るので、天と仲良くすることと、一つの陰に他の五つの陽が仲良くすることを望むことを表象しています。ただし人と仲良くするには、公平無私に私情を挟まず、広く交際をするようにといいます。世の中を見ればわかるように、争いやいじめ、喧嘩など人間同士が仲良くあることは少ないといってよいでしょう。だからこそ、ここに天火同人という卦があって、今も昔も変わらず、人の在り方をいうのでしょう。

【一つへのこだわりが危うさを呼ぶ】

同人卦のいう仲間には特徴があります。「一つの陰に対して」と卦の象がいうように、小さく目先的で、その範囲が極限られています。考え方も視野も狭いものでありますから、当然、身びいきになりやすい傾向になり、弊害も出てきます。趣味などの愛好会ならば同じ考えの人とやっていくのでよいかもしれませんが、違う考えの人には拒絶反応を起こし、排他的になります。社会というのは種々雑多な人間の集まりで調和が保たれているのであって、同人のような一つへの偏りが強いというのは危うさと脆さを含んでいるといえるでしょう。

【身近なことが問題の中心】

同人卦を得る時というのは、身近なことが問題の中心になります。親族との関係、冠婚葬祭、老後の生活、子育てなど家族事になるでしょう。人との交際においても、本当に腹を割って話ができる人なのか、お世辞だけの社交辞令なのか、選別していくことが必要です。また、宗教的交わりや悩みがあることも意味します。今の状態以外の生き方は考えられず、自分で自分を縛り、苦しんでいることがあったりもします。世の中は果てしなく広いものであることに気づき、目線を上げるようにしましょう。案外、ちっぽけなことに支配されているものなのです。

初爻

これといった問題もなく、順調な時です。今までの狭い世界を離れて、自由に伸び伸びと歩き出すことができます。また、そのようなチャンスが巡ってきたともいえます。こだわりを捨て、考え方を変えて広い交際を求めることは、人生の新たなスタートとなるでしょう。勇気を持って枠を突き破り、前へ前へと進んでください。入学、入社、入門に良好です。

二爻

ものの見方が狭く、自分本位になっています。これしかないといった思い込みもあり、すべてにおいて発展がありません。今は良くても後が続かず、先細りになっていきます。身内の問題を抱えている場合は厄介で、過保護であったりすることが解決を遅らせていることがあります。こういう時こそ、広い視野と情報を求めていくことが必要でしょう。

三爻

どうしても気になることがあって目が離せません。いろいろと考え、小細工をしようとしますが、結局実行できずにただ見ているだけになります。この間に使った時間と経費はすべて無駄で、損することになるでしょう。今、関心を持っているものは、本当に大切なものなのか、その価値をもう一度問うてみましょう。隣の芝生は青く見えるものです。

四爻

自分のしていることが無理なことだと承知しているせいか、早い見限りができるので、損することがありません。何か事を起こそうとしても途中で気持ちが変わり、深入りもしないので、効率よく行動することができます。これは、欲を捨てて引き下がることができる人だけが得られる、得といえるでしょう。手の掛かるものを追ってみてもつまらないだけです。

五爻

何事も前半のうちはいろいろと妨害があって苦労するようになります。思うようにはなりません。しかしこの妨害に対し、いろいろと手を打っていくと、やがては望んでいるものを手にすることができるので、後半になるほど良くなるでしょう。ただし、この手段に対してはかなり強攻な方法をいうので、信念を持ち続けなければやり遂げることはできません。

上爻

人と仲良くすることの終わりです。自分から社会や人との間に距離を取り、一人で過ごすようになりますが、それで困ることもありません。煩わしいこともなく、孤高を楽しむ状態です。隠居をするにはよい機会ですが、人として社会との接点をすべてなくしてしまうのは、あまりにもマイペースすぎて、やや淋しい感じもあります。吉凶はなく、考え方一つです。

14

火天大有《かてんだいゆう》

䷍

大有《だいゆう》は、元《おお》いに亨《とお》る。

【今が最大のチャンス】

大有は、大きく所有する、の意味です。それを卦の象では、内卦の乾（陽・陽・陽☰）の天の上に、外卦の離（陽・陰・陽☲）の火があるので、広い範囲を照らし、隅々までよく見通せることができ、そうなればたくさんのものを持てることを表象しています。天の上にある火というのは、真昼といい、陰りがありません。今が最高の輝く状態であり、チャンスの時です。多くのものを持ち、自信に満ちあふれています。しかし、お昼の太陽はすぐ西へ沈んでしまうものです。有頂天にならずに、今の良い時の流れをどう保っていくかを考えて努力していかなければなりません。良い時は短いものです。

【存分に楽しむべき】

大有の時というのは、絶好調、もしかしたら本来の自分の器を超えて実力以上のものを得られます。あえて悪い含みを挙げるなら、重病人を占った場合で、熱が高く危険な状態とみるくらいで、通常はまったく問題がない時といえるでしょう。恋愛ならモテモテで選び放題であるし、結婚話もとんとん拍子で進んでいきます。仕事は飛躍できるチャンスに恵まれ、希望することがうまく整います。立場によっては叙勲などもあり、名誉を得るかもしれません。時の流れの中を自由に泳ぐことができるでしょう。善きものは取り入れ、悪しきことはやめて存分に楽しんでください。

【いつまでも若くはない】

大有を人生の時節に置き換えて考えてみると、18歳から20歳くらいの頃になるでしょうか。いいえ、もう少し若い時になるかもしれません。一日の時間なら午前11時から午後1時の、2時間くらいでしょう。若さがあり、気力に満ち、希望に向かっているため、不安や恐れがありません。一点の曇りもない頃。生を受けてから、人さまざまに大有の時というものはあるものです。しかし、その時間はあっという間に過ぎ去り、年齢と共にある程度の限界が見えてくるものです。時の移ろい、はかなさ。持てる時間にやるべきことを怠ると、次の機会というものはいつになるのかわからないものです。

初爻

大有の始めで、好調そのものです。その勢いに乗って自分の身に害になる余計なことに手を出したくなります。新規事や拡張路線はやめることがよく、現状維持を守っていけば失敗することはありません。好調な人が放つ良い香りに誘われていろいろな人が近づいてきたりしますが、深入りせずに自分を上手に制御していくほうが安全といえるでしょう。

二爻

タイミングと自分の力量がピッタリ合っていて、無理なく行動していくことができます。飛躍のチャンスですから弱気になる必要はありません。積極的に実行していきましょう。「今やるべき」といっても過言ではありません。好調の時をどう活用していくかで今後が違ってきます。迷いを捨て、臆することなく進んでください。人生に決断も必要です。

三爻

すべてに全力投球、一生懸命相手のために尽くして働きます。良き環境を与えられているせいか、そのがんばりは並大抵ではありません。しかし、こちらがどれほど力を注いでも、相手は本当に思ってくれているかというと、話は違ってきます。むしろ期待通りのことをしてくれるか、見返りはあるかというと、疑問が残ります。力の配分を考える必要があります。

四爻

平穏順調な時です。今の状態に満足して決してやりすぎないようにしましょう。自分の分際をわきまえて目立たないようにしていれば、ごく普通にしていても物事がスムーズに運んでいきます。目先の欲よりも「賢く」あるほうがその後に大きなプラスとなるでしょう。手にして損する、無くて得することもあるものです。熟慮と計算が重要です。

五爻

大有の美点である真昼の太陽の強さがありません。そのせいか、見かけは良いように見えますが、内実においては気を遣うことが多く、心労があります。それを人にいうこともできず、悠然とした態度を取らなければならない辛さがあります。悪い流れではないものの、格別の良さもなく、期待したほどではありません。自分自身を見失わないようにしましょう。

上爻

大有の終わりです。しかし、まだ沈まぬ太陽であるため、何らかのツキがあってチャンスに恵まれます。その流れを早めにつかんで乗ることが肝心です。無理さえしなければうまく運びます。心配事も良い方向に解決していけるでしょう。年齢や立場によっては勲章を授けられることもあります。天の偉大さを肌で感じることができるでしょう。

15 地《ち》山《ざん》謙《けん》

䷎

謙《けん》は亨《とお》る。
君子《くんし》は終《おわ》りあり。

【今は修養の時】

地山謙は謙遜する、目立たない、の意味です。それを卦の象では、内卦の艮（陽・陰・陰☶）は山、止める、外卦の坤（陰・陰・陰☷）は地、従う意から山のすぐれたものを持ちながら自分を主張することなく目立たないようにしていることを表象しています。また、低い地の下に高い山があることから、謙遜な態度を示しています。この卦を得た時は謙遜、つまり人には頭を下げて腰を低くし、表舞台に立つようなことはできません。地道な努力を人に知られることなく黙ってする時で、こうした態度が将来につながる大事な備えとなります。修養の時といえるでしょう。

【男性は愚図、女性はやり手】

もう一つの見方に「男子裸身の象」といって、男性が裸で身をかがめ、背中を丸める姿がありま す。男性の運勢にこの卦を得ると、非常にみすぼらしく苦しい時期となります。人物像は言葉が下手で、自分をアピールできない愚図《ぐず》といった印象です。女性の運勢にこの卦を得ると、不思議に強く良い流れとなります。やり手という感じで世間を渡っていくでしょう。病気を占った場合は厄介で、艮の山の象から治療困難な複雑なもの、腫瘍、半身不随の状態など難しいこととなります。

【カメレオンのような処世術】

現代は人の前を一歩先に歩き、華々しくあることが良いとされる時代ではなくなってきました。むしろ地山謙のように目立たず地味に生きるほうが安全な暮らし方でしょう。能力や欲を隠し、着実なものを手にするまで波風を立てない。謙虚な態度に徹して人から慕われ、人望と信用を得るようにする。金銭に対しては不必要な出費を避け、蓄財に励むようにする。その時代や状況に合わせてカメレオンのように変化しながら自分を守る術《すべ》を示してくれるのが易の知恵です。だからこそ、こんにちまで残ってきた占術なのでしょう。謙の時、生き延びることを学びましょう。

初爻

謙遜の始めです。目立たないところでがんばるにしても、自分のことをやるだけで手一杯といった感じです。他のことにまで力を発揮させる体力はありません。失業、リストラなどになると、次を探すにしてもなかなか見つからないといった苦しい状況に追い込まれます。低迷期ですからひたすら頭を下げて下手に出るしかありません。

二爻

力のある目上、または時の流れに従うことで良い結果を得ることができます。難しいと感じることも謙虚な姿勢を取り続けることでうまく切り抜けていくでしょう。それは日頃の努力で培った信用があったからといえます。利益はあってお金に縁があります。楽しいといった明るさはないものの、平穏ではあるので目立たないところでの動きを大切にしてください。

三爻

努力・努力・努力の時です。人が驚くほどのがんばり、働き方をします。それでいて人から認められることは少なく、尽くすことだけでボランティア状態といえます。文句や不満も言えず、やるだけやるしかありません。特に身内や仲間のこととなると忙しさのあまり休息はないでしょう。自分の行為が空回りすることもあり、利用されないようにしましょう。

四爻

自分の持っている材料に良いものがあります。その環境や周囲の人に感謝して大切にできるかできないかで事が決まってきます。世話をして、時にはお世辞を言う、そういった気配りができればよりいっそう自分の立場を優位なものにしていくことができるでしょう。何に支えられて今の自分があるのかを心の中でよく考えてみましょう。

五爻

時は地山謙、謙遜なので、自分自身は穏やかに過ごすことができますが、場合によっては積極的に強気で当たることも必要です。理不尽な事や争いなどは相手を攻めていくことが自分にプラスになり、効果も期待できます。逃げたり、控えめであることに良さはありません。相続が絡むと法的手段を取らねばならず、けじめをつけることになります。

上爻

謙遜の終わりです。身近なことや身内のことでふっと湧いてくる問題があります。放置しておくことはできませんので、手を入れることになります。不満を押さえ込まず、戦うことも必要です。事が大きくならないうちに人に相談し、早めに解決していくようにしましょう。悩みや問題には案外、身近に頼れる人がいるものです。よく探してみてください。

16

雷《ら》地《い》豫《ち》

䷏

豫《よ》は、侯《きみ》を建《た》て師《いくさ》を行《や》るに利《り》あり。

【舞い上がるような高揚感】

雷地豫は豫《たの》しい、喜びの意味です。それを卦の象では、五つの陰が一つの陽を信頼し、素直に従っていること、また内卦の坤（陰・陰・陰☷）の地上に外卦の震（陰・陰・陽☳）の朝日が出て、和やかに豫しんでいることを表象しています。豫卦というのは苦しみとは縁のない豫しさで、舞い上がる高揚感でいっぱいです。そのため気持ちに緩みが出やすく、怠惰になりがちです。ムードに流されているだけで、よく考えてみると実質的なものはありません。のんびりしているとチャンスを失い、手遅れになることもあります。どんな時でも緊張感と警戒心を持たなければなりません。

【何事にも夢中になってしまう】

普段の生活の中で豫しみに溺れるようなことを挙げるならば、趣味や賭け事、色事、宗教活動、若い人ならゲーム、インターネットを使ったものがあります。本業を忘れるくらいの入れ込む状態ですから、夢中になる対象を間違えると詐欺に遭うこともあり、厄介なことになります。調子が良いだけに気を引き締めてかからなければなりません。隙を作ったらアウトです。交際においても出費がかさみ、後で泣きを見るようになるでしょう。考えることなく、すぐその気になるので、当然手抜かりが出てきます。まずは守りを固めることが優先事項となります。

【足元をすくわれる危険性】

前の卦の地山謙は坤の地面の下に押し込められていて、暗く地味な時でしたが、この豫卦は地面の上に出てきて活動が始まることをいいます。押さえられていたものが芽を吹いてきて、やることやることがぴたっとはまっていく豫しさがあります。そうなれば得意な気分になり調子づいてしまうのが人間なのでしょう。しかし、このままでは足元をすくわれる危険があります。それを易が卦辞の「師」という言葉を使って警告を発してくれています。豫しい時間を持つというのは生きていく上での糧になるものですが、まだ安心しきることはできません。

初爻

豫しみの始めです。自分に真の力がないにもかかわらず、それに気づかず調子に乗っています。夢のようなことばかり言ったり、あてにならないものをあてにしてみたりと、考え方が幼く依存心が強いため、当然、何をしてみても結果は凶となります。地に足をつけた在り方にしていかなければ、この先、人間としての信用を失いかねません。

二爻

豫しみの最中にありながら周囲の状況に左右されない、冷静で強い信念の持ち主です。思ったら吉日と、やるべきことを早急にし、物事の機を読み取る聡明さがあるので、失敗することがありません。どんな事態が起きても適切に行動できるというのは、心に隙がないのでしょう。チャンスに対しては一人で動くとより良い結果を得るでしょう。仲間は不要です。

三爻

人のことがよく見えて羨んでみても仕方がありません。何とかならないものかと思うことは無駄な時間を過ごすことになるでしょう。早く気がついて考え方を改めることができればよいのですが、つい欲が出てそれを邪魔してしまいます。今の状態を続ければ後悔するようになるのは確実です。すべて深入りするようことは避けてください。詐欺に要注意。

四爻

好調そのものです。豫しくて嬉しくて気持ちに緩みが出るせいか、早め早めに行動をしていかなければ大事なところでタイミングを逃し、手遅れになります。また、すべて一人でやろうとすると変な疑惑を持たれることがあります。良い流れではあるものの、気を許すことはできません。油断大敵です。

五爻

不安定な状態であって危険です。急激に悪い流れになるわけではありませんが、非常に気をつけなければなりません。健康問題を含め、慎重に対応していく必要があります。どこにどんなふうに神経を使っていけばよいのかがポイントになるので、今の自分が不利であることを自覚して、まずは受け身でいましょう。やり方を間違えると後々厄介になります。

上爻

豫しみの終わりです。欲望のままにやる、いい気になる、遊びに熱中するなど普通では考えられないような夢中な状態です。そんな状態が永く続くことはなく、必ず大きな問題となります。深入りしていたことから早く手を引くべきです。冷静さを取り戻し、現実をしっかり見るようにしましょう。また、病人や約束事は急変することがあります。

17

沢《たく》雷《らい》随《ずい》

随《ずい》は、元《おお》いに亨《とお》る
貞《ただ》しきに利《り》あり。
咎《とが》なし。

【従うものによって幸か不幸か分かれる】

沢雷随は、従うの意味です。それを卦の象では、内卦の震（陰・陰・陽☳）の男が動いて働きかけてくれるので、外卦の兌（陰・陽・陽☱）の少女も喜びついていくことを表象しています。従うという行為は何に従うのか、それにはどんな条件があるのか、期間はいつまでなのかなど、従う対象によって結果が違ってきます。無理のない良いものであるならば、自分を助けてくれる役立つものになりますが、悪いものであれば後に問題が起きてくるでしょう。それを卦辞では「元亨利貞」といって、正しくてけじめが必要であることを伝えています。従う難しさでしょうか。

【方便も時には必要】

従うというのは、自分の欲を捨て、相手の言いなりになる、意見を聞き入れる、その時の流れに合った無理のないやり方をすることをいいます。束縛されているような不自由さを感じますが、困難な状況に陥った時は、一番簡単にできることについていくのが自然といえるでしょう。どんなに希望し力を注いでみても、駄目なことならば、それへのこだわりを捨て、別の楽なものに向かうことで現状を打開していくことをいいます。沢雷随の生き方は、一時的な方便《ほうべん》として過ごすには最適です。不純に感じるかもしれませんが、知恵のある選択となるでしょう。

【何事にも期限を設けるべき】

仕事運は周囲の状況に合わせていけるので順調です。結婚も縁として良く、まとまることが多いものです。健康面については心配ありませんが、病気を占って得た場合は、病気に従う意から、治りにくい厄介なものになるでしょう。全体的にみれば、従わなければならないものがあるものの、目先は困ることのない流れにあります。だからこそ、いつまでも従うことを続けるのではなく、目標を持って「いつまで」という期限を自分の中で決めておくことが大切です。何かに追従していたり、人をあてにする在り方は、いずれの日にか行き詰まることになります。

初爻

従うことの始めです。自分から積極的に動くことができます。それは今まで従っていたことや、やり方を変えることで、新たな選択をします。転校、転職、海外転勤など広い世界へ踏み出せる発展の時となるでしょう。日常にある小さな誘いに乗ってみるのも面白いものです。いつもと違う自分になるのです。今、変わらなければなりません。今、です。

二爻

本来の大切なものを忘れて、目先の安直なものに手を出してしまいます。何を求め、守ればよいのかがわかっていないのでしょう。ここで目移りすることは、大事なものを失うことになります。仕事を忘れて副業に走る、誠意のない交際から色事問題を起こすなどさまざまなことが考えられます。今まで通りが良いのであって、気持ちの揺れ動きは危険となります。

三爻

賢い計算が必要な時です。目先に有利さがあるので、従うものをよく見極めて自分にプラスとなるものを上手に使うとよいでしょう。ただし期限を決めておかなければなりません。いつまでも続けることは、自分にも従うものにも負担となってしまいます。必要な時だけというと、何か都合の良い、使い捨てのように思いますが、今はその従い方がベストです。

四爻

やってやれないことはありません。しかしそれをしてみたとて何の利益もないばかりか、かえって命取りとなるでしょう。従う対象を間違えているのですから結果は無残です。今は欲を控えて保身に徹することが得策となります。現状維持でいても何の不足もないはずです。やりすぎての失敗は、考えている以上に痛い後遺症を残してしまいます。

五爻

何の不安もなく平穏です。現状に満足できるというのは、従う対象が良いのでしょう。居心地の良い環境にあります。変化さえ求めなければ、何気ない日常になるので、若い人であればやや物足りないかもしれません。少し刺激があってもよいくらいです。年配者であれば、平凡であることの良さがわかっているので生活を楽しむことができるでしょう。

上爻

従うことの終わりです。信念のように従い、しがみついている状態で、盲信といってもよいでしょう。あまりにも従う気持ちが強いといつの間にか自分がとらわれてしまい、苦しくなるものです。こうでなければならないという絶対的な考え方は、案外、不自由にさせるだけで無理が生じます。迷信に惑わされる、宗教活動に夢中になるなどの意味があります。

18

山風蠱《さんぷうこ》

䷑

蠱《こ》は、元《おお》いに亨《とお》る。
大川《たいせん》を渉《わた》るに利《り》あり。
甲《こう》に先《さき》だつこと三日《みっか》、
甲《こう》に後《おく》るること三日《みっか》。

【次第に内側から崩壊していく】

山風蠱は、内側からの腐敗を意味します。それを卦の象では、内卦の巽（陽・陽・陰☴）の風の上に、外卦の艮（陽・陰・陰☶）の山があるため、風の通りが塞がれてしまい、それぞれが交じり合うことができず、意思の疎通がなくなるので次第に内側から腐敗して崩壊していることを表象しています。そして崩壊してしまったならば何か新しい事を起こしていかなければなりません。それには丁寧で慎重なやり方がよいといいます。物事に対し蓋をしていた結果、土台から駄目になってしまうのが山風蠱です。その後をどんなふうに立て直していけばよいのかを教えてくれています。

【膿を徹底して出し切ること】

山風蠱には、内卦の巽の中年の女が外卦の艮の少年を惑わす、少年も自分から心を乱す、勘違いをする、間違いという意味もあります。いずれにしても蠱は事、事件、問題、失敗、不動産、相続、親子関係、病気など考えられる範囲は広くなります。早く気がついてどう処理をし、立て直していくか。中途半端なやり方では救いがありません。膿を出し切ってしまうために、まず蠱に当たるものを表面化させることです。一つひとつ整理していけば、いずれきれいになるでしょう。このピンチはチャンスに変えられるので、生かさない手はありません。

【立て直し方によっては吉となる】

会社員にとって会社が倒産、リストラに遭うのは蠱です。父親が亡くなり、子供の時代になる世代交代も蠱です。腐れ縁が切れないゴタゴタ状態も蠱です。働きすぎて病気になるのも蠱です。卦のイメージから恐ろしい卦のように思いますが、崩壊するだけでなく再生、新しく事が始まることもいいます。立て直し方によっては将来がとても明るいものになります。そのためにも出すべき結論は出し、後ろは振り向かずに新しい方向へ進むようにしましょう。ここから本当の人生が始まることになるのです。困難なことをバネにしてください。

初爻

腐敗の始まりです。徐々に問題が表面化してきます。幸い、まだ大きくはなっていませんが甘さは禁物です。事が小さいうちにさっと改め、解決していくことができるでしょう。子供や身内を頼りにするのもよく、大変役に立ってくれます。自分の過失に対しては何をするよりも早く素直に謝ることが大切なのですが、非を認めることは案外、難しいものです。

二爻

腐敗の状態が進んできました。その後始末をしなければなりません。そのやり方は、あまりにも正義に固執し、厳しく相手を責め立てていくようなものは感心しません。できるだけ穏便な方法でないと結局はうまく処理できず、自らが失敗の種を蒔くことになります。不思議と母親が絡む問題が起きやすいものです。柔らかい態度で探ってみましょう。

三爻

すべてにやりすぎる傾向があります。特に健康面に関しては要注意で、仕事のしすぎなど何かに熱中するあまり手抜かりが出て困ることになるでしょう。大筋として間違ったことをしているわけではありませんが、それでよいと思っているのは自分だけです。少し肩の力を抜いて一呼吸置くとよいでしょう。カリカリしてみたところで仕方がありません。

四爻

だらしなさすぎて事をズルズルと先延ばしし、悪く悪くさせてしまいます。やるべきことは決まっているのに、そのまま放置する甘さと無知が危機的状況を招きます。怠け者なのかもしれません。解決できる良いチャンスをみすみす逃していくことは愚か者のすることで、まったく救いようがありません。その決断力のなさが事を厄介なものにしているのです。

五爻

大崩壊です。一度奈落の底に落ちるような悪い状態になります。しかし、周囲の意見を取り入れて力を借りながら粘り強く事に当たっていけば、再び立ち直ることができます。失敗の経験を上手に生かしているのでしょう。見事な再生、復活をやり遂げてしまいます。すべて改め、すべての根を断つには大きな決断が必要ですが、結果は満足できるでしょう。

上爻

山風蠱のトラブルが終わり、すべて片づきました。気がかりなこともなくなり、自分の好きなようにできる時です。少し世間から離れてみるのもよいでしょう。年配者の運勢に得ることが多く、定年・引退のこともあります。若い人なら人間関係などで、関わりを持たない我関せずの態度を取ることをいうのかもしれません。自分のペースで過ごすことでしょう。

19

地《ち》沢《たく》臨《りん》

臨《りん》は、元《おお》いに亨《とお》る
貞《ただ》しきに利《り》あり。
八月《はちがつ》に至《いた》りて凶《きょう》あり。

【やる気にあふれ、気持ちが前を向く】

地沢臨は、臨《のぞ》む、迫るの意味です。それを卦の象では、内卦の兌（陰・陽・陽☱）が喜ぶ、外卦の坤（陰・陰・陰☷）が従うで、希望に対して相手が喜んで従ってくれるため、妨害なく臨んでいけることを表象しています。「臨む」というのは物事が順調に運んでいくことです。たとえば、嫌な出来事が終わり、さあ、これから自分らしく好きなように生きよう！　という場面を想像してみてください。やる気にあふれ、気持ちが前を向いている時なのです。真新しいランドセルを背負い、足元の軽い小学一年生の姿そのままが地沢臨の持ち味です。一直線に進んでいくでしょう。

【好調だからこそ着実に歩むべき】

地沢臨の別の見方をすれば、この卦はこれからどんどん陽の良き状態が増してくることをいいます。事を始めて歩き出し、やることなすことが順調で楽しく、駆け足で進んでいるような状態です。不安や心配するものがないので、どんどん勢いづいてきます。しかし、この調子でずっと続くかというとそれは難しく、途中で息切れしたり、飽きたりしないようにしなければなりません。好調だからこそ一っ飛びするのではなく、一歩一歩着実に歩む必要があります。決めたことを最後までやり抜くには、適当な緩みと手順を踏んでいくことが大切になります。

【相手との綱引き】

臨卦は、人の面倒を見たり、物事を受け入れなければならないことがあります。こちらが真摯《しんし》な態度で臨んでいても、相手側の思惑によっては綱引きをするような状態になります。やむを得ずということも想定しておかなければならないでしょう。弾みのついた良い流れではあるものの、相手があることは「レールに乗ったように」とはいかないものです。急ぎすぎたり、焦ったりすると転ぶようになります。気をつけなければならないことなので、心に留めておいてください。その他、仕事、結婚、健康、旅行は問題がありません。存分に楽しみながら過ごすことができます。

初爻

臨むことの始めです。チャンスですから躊躇《ちゅうちょ》することなく前へ進んでいきましょう。ただし途中で気持ちを変えるようなことがあってはなりません。別の欲が出てきた証で、これがあると必ず失敗してしまいます。無欲のまま、最初の考えを貫徹することが大切です。また、このような時に何もしないことはもっとよくありません。

二爻

初爻と比べてやや進むスピードが落ちています。これはすんなりいかないことをい い、自分のやろうとすることに何らかの障害や相手の出方を待つなど、自由に波に乗り切れないことがあるからです。このため難しいと感じることは少し様子を見ているほうがよいでしょう。また、自分自身の気持ちが乗っていないこともあるので、無理をすることはありません。

三爻

地沢臨の中で最も厄介な時です。自分自身に甘い考えがあることから起こる問題と、相手を甘くみて起こる問題のいずれかがあります。ここでの出来事は非常に難しいことが多く、結婚詐欺などは肉体だけでなく金銭も奪われる被害となります。期待する心や信頼は簡単に裏切られることとなるでしょう。なめてかかると大きな傷を負うことになります。

四爻

平穏すぎて何かもう一つ物足りない感じです。不満とまではいきませんが、すっきりしません。事をする気にはなるものの、実際に行動することはなく、何もやりません。中途半端に終わってしまうのは、それだけ必要に迫られることがないのでしょう。それで良しとするのもまたよく、事なかれ主義のように無難に平凡に落ち着くことになります。

五爻

自分の持っている条件や材料を上手に生かします。特に人の使い方は抜群で、より良い状態を作り出していくでしょう。知恵のある進め方には安定感があり、大きな結果を手にすることができます。また、おおよその見当がついていることに対しては、一切口出しをせず、相手に任せてしまうとよいでしょう。大きく構えて事の成り行きを見守ってください。

上爻

臨むことの終わりです。「自分から」ではなく「仕方なしにやる」といった消極的な態度になります。どうせ事をするならば、一生懸命に臨むほうが気持ちがよいものです。当然といえますが、不満が残るようになるでしょう。本来望んでいたものではなく別のもので代用し、我慢をするようになってしまったそもそもの原因は何であったのか、考えてみてください。

20 風《ふう》地《ち》観《かん》

観《かん》は、盥《かん》して薦《せん》せず、孚《まこと》あって顒若《ぎょうじゃく》たり。

【目に見えないものへの畏敬の念】

風地観は、見る、示すの意味です。それを卦の象では、四つの陰の民衆が陽の王を仰ぎ見ている、そして王は天下に正しい道を観《しめ》していることを表象します。古代、神を祀《まつ》ることができるのは王だけの特権でした。祭祀するに当たっては、手を洗い、恭《うやうや》しく供物を捧げ、敬虔《けいけん》を尽くします。その様を人々が見ることで、王に対しても尊敬の念を深めたといいます。また、風地観は「水に映った月の象」で、きれいに見えていても手に取ることができない意味があります。実体のないものへの扱い方を教えてくれています。

【動きのない状態】

「観る」という行為は、ただ見るだけでまったく動きがありません。運勢で考えれば、動きようのない時、動く理由がないことをいい、盛んな状態ではなく、むしろ下降していく時です。かといって危険が迫るような悪さもなく、何とか現状を維持している通過点のようなもので、今はその様子を見ているしかない時と考えます。約束事や縁談などは話だけに終わり、実現することはありません。余暇を占うと「観る」というのは観光を意味し、旅行するには最適です。観劇も十分楽しめる内容のものになるでしょう。占う題材によって判断の仕方が変わってきます。

【体裁を取り繕うのではなく中身の充実を】

実質的なものがない観卦は、表面のわりには中身が伴わないことがあります。ですから体裁よりも内容の充実を図ることを重視するべきですし、これから先はますます衰退していくことが予想されるので、どうしたらよいかを考えていかなければなりません。「観る」ですから、自分の前後、四方八方をよく見て、その時の都合に合わせていくより方法がないでしょう。もともと動きがないのですから、そうやって衰えていくことに歯止めをかけることができればよいほうかもしれません。今の自分にはどんな風が吹いているのかを肌で感じなければならないでしょう。

初爻

観ることの始めです。幼い子供のような甘い見方をいいます。目先しか考えられない見通しの悪さ、認識のなさで、子供や病人ならそれも仕方がありませんが、一般的に社会人と呼ばれている人であったら、これから先の将来が思いやられます。この状態で希望が亨ることはありません。金銭においても「子供のような収入」となるので、見込みはありません。

二爻

弱い性分なのか、自分のことを思うように表現できないでいます。そのため、物の隙間から覗くように見ているだけで何もしようとはしません。偏狭な自分をただ羞《は》じるばかりです。心に惹かれるものがあったなら、思い切って動いてみましょう。チャンスに対して見逃しやすい傾向があるので、それを改めるよい機会です。人生の時間は有効に使うべきです。

三爻

今までやりたいと思っていたことに手がつけられそうな流れが出てきます。しかし家族や周囲のことを考えるとなかなか踏ん切りがつきません。自分の立場を考え、器に合ったことならばやり方次第で良い結果を得ることができるでしょう。他人に相談することは無用です。人生の転機となる時であったりするので、自分で答えを出していきましょう。

四爻

目上の引き立てや協力者の援助があるので、自分の希望することに対しては積極的に行動してアピールする時です。そうすることによって今までいた環境や悩みから脱出することができ、大きく飛躍することとなるでしょう。「観ている」だけの状態から改めていく流れに変わっていきますので、このチャンスを是が非でもつかみ取らなければなりません。

五爻

人さまざまの立場や環境によって判断が違ってきます。それなりの地位のある人は「人から観られている」、だからそういう「目」を意識して過ごしていかなければなりません。一般の人なら特別悪いことは考えられませんが、言動によって影響が出るので、よく考えて内省しながら行動していくことになるでしょう。在り方が問われる時なのです。

上爻

観ることの終わりです。若い人の運勢に得ることの少ない易で、年配者の生活状態に得るくらいです。のんびり過ごせたらと願いながらなかなか気が休まることがなく、落ち着きません。再雇用や社会活動などをしてみるのかもしれません。身の振り方に自由で気ままなことがありません。しばらくは思うようにならない時といえましょう。

21
火雷噬嗑《からいぜいごう》

䷔

噬嗑《ぜいごう》は、亨《とお》る。
獄《ごく》を用《もち》うるに利《り》あり。

【大変な努力を要する】

火雷噬嗑は、邪魔ものを噛み砕く意味です。この卦は山雷頤（陽・陰・陰・陰・陰・陽䷚）と似ていて、頤卦の一番下の陽が下あご、一番上の陽を上あごに見立て、口を開けた象です。噬嗑は両あごの中に一本陽がある象で、この陽の邪魔ものをガリガリと噛み砕かなければなりません。そうして初めて希望が亨るのであって、大変な努力が必要となり、骨が折れることを表象しています。そして占ったことに対して何が邪魔になるのか、噛み砕く方法はどんなことかを考えることが大切です。中途半端なやり方は通用しません。力の限り、あの手この手を尽くすのです。

【今は苦労の時】

火雷噬嗑は刑罰の易で、とても激しい含みのある卦です。平穏とは無縁で苦労の時であり、明察と決断、大胆な行動を必要とします。そして噬嗑を得たということは、非常に扱いにくいもので、問題の種が膨らんできたことを意味します。悪い出来事ならば病気、訴訟、投獄などがあり、喜びとは少し違う気がしますが、仕事が忙しく食事や睡眠、休養を取る時間がないことなどが考えられます。いずれにしても余裕や手抜きという感覚は一切ありません。全力投球でぶつかっていかなければならない時となるでしょう。それができないと負けることになります。

【無理はしないというのも一つの手】

実際に口の中に石のような硬い物を入れて噛み砕くことを想像してみてください。ちょっとのことではどうにもなりません。力まかせに噛み砕いても口の中がボロボロに傷つくだけで歯が折れてしまいます。このようにあまりにも手に負えないものであるならば、始めから噛むことをせず、口の中の物を外に吐き出してしまう、つまり手をつけないという方法があります。無理なことはやめておく、そこまで大変な思いをして苦労してまでやることなのかと、考え直してみるのもよいことと思われます。

初爻

噛み砕くことの始めです。事を簡単に考えて安易にスタートさせようとします。焦りがあるのかもしれません。しかし今は噬嗑の時です。強気だけではうまくいきません。よく確かめてタイミングを図り、様子を見ているほうが無難でしょう。また、足にケガをしやすいので階段の上り下り、自転車に乗る時などには十分な注意が必要です。

二爻

応援してくれるものがなく、苦しい立場にあります。しかし、事をやる以上は中途半端な考えは通用しません。徹底的に断固として臨む覚悟が必要です。それだけ問題が厄介なのでしょう。ここでしっかり噛み砕いておかないと、逆に害を受けることになってしまいます。手加減は一切不要です。とことん追い詰める、ビシビシと厳しく行うことが肝心です。

三爻

自分の能力ではどうにもこうにも対処できません。扱うものが難しすぎるのか、力がないのに背伸びをしすぎたのか、何をやるにしても苦労するばかりで得られるものは何一つありません。修練とか経験を積むと言えば聞こえはよいですが、それに値することはなく、ただの骨折り損となるでしょう。厄介きわまりないので見送るべき無理な案件です。

四爻

やればやっただけの結果が得られます。邪魔ものの正体をしっかりつかんでいるので、大変な苦労はあるものの、事に取り組んでいるうちに上手に収めていくことができるでしょう。仕事は好調で休息を取る余裕はありませんが、満ち足りた気持ちになれます。何か他のことでもチャレンジしてみると面白く、やってよかったと思えるでしょう。

五爻

自分のやっていることがとても大変なことだと自覚しているのでしょう。上手に人や情報を使い、事を解決していくことができます。それらを有効に活用できる環境の良さというツキを持っていることも確かです。このまま最後まで気を抜かずにやっていけば、発展もしていけるので、大きな期待ができます。考えているよりまず行動が吉となるでしょう。

上爻

人の言葉がまったく耳に入りません。自分の望むまま好きなようにやりすぎて、酷い結果となります。今やっていることも良いものではありません。ギャンブルや浪費、刑事事件に遭うこともあり、身動きが取れなくなるでしょう。自分の愚かさが招いたことと気づき、素直になることが一番です。また、首から上の火傷やケガをすることも考えられます。

22

山《さん》火《か》賁《ひ》

賁《ひ》は、亨《とお》る。小《すこ》しく往《ゆ》くところあるに利《り》あり。

【文飾と実飾】

山火賁は、飾る意味です。それを卦の象では、内卦の離（陽・陰・陽☲）は明、文明、外卦の艮（陽・陰・陰☶）は止まる、制度をいいます。人間社会の制度というのは生活に必要な飾りであることを表象しています。そしてこの飾りには文飾と実飾とがあります。文飾は化粧やアクセサリーなどをいい、実飾は教養や学問、資格などをいいます。いずれにしても山火賁は飾る、美しくすることをいうのです。また、「飾り」ですから主役ではなく脇役です。全体に対して一部分と考えますので、希望の亨る範囲も限られた小さなもので、時間も短いです。大きなことにはまったく向きません。

【大きなことではなく小さなことをすべき】

山火賁のもう一つの見方に、外卦の艮を墓とし、その下で内卦の離の線香が燻《くすぶ》っていると考えて、重病人には必死の占となります。とても危険な状態で厳しい判断をします。通常は改装、改築、または人づき合いにおいても必要以上の見栄を張らず、趣味を持つなど目先の小さなことに着手するだけで無理をしなければ平穏な時といえます。また、艮の山の下で燃える火は、その火は足元を照らすだけの小さいもので、見通しがききません。ですから人生の一大事を決断し、行動するには難しいでしょう。すべて小さく、少しがよいのです。

【何に対して飾るのかを考えよ】

「飾る」というのは、飾る対象があって初めて自分が生きています。何にくっついてどう飾るのか、内側か外側か、どの程度の費用をかけるのかなどを考えなければなりません。限定された中での行為なので、おのずと知れたものになるでしょう。今の時代はきらびやかに電光が輝く時ではありません。文飾よりも実飾、見た目よりも中身を重視する傾向にあると思われます。飾るにしても、もう少し抑え気味に考えるとよいでしょう。身の回りを振り返ってみるとよく理解することができます。何かがあって動く、存在するのが山火賁です。

初爻

飾ることの始めです。周りから調子の良い話を持ち込まれることがありますが、それは相手にとって都合の良いことで、自分にとっては釣り合わない余計な飾りです。潔く断って自分の生き方を大切に、自分の足で歩くこと、自分の足を飾ることを選択しましょう。甘い誘いほど落とし穴があるものです。迷わず、きっちりけじめをつけましょう。

二爻

目の前のことに取り組みましょう。そして何かを始めるなら一人でするのではなく、身近な人と行動を共にするのです。いずれ別れる時が来るとしても今はそれが一番良い在り方です。人の意見に乗ってみる、自分のやり方にこだわらない、受け身であることが良さを引き出します。男性は髭《ひげ》を生やしてみるのも面白いかもしれません。

三爻

一見、人から大事にされ、モテモテ状態です。居心地良くずっとこうしていたいものですが、それは永遠ではありません。一時的なことで自分のことをもてはやしてくれていたものの存在は、必ず消えていきます。快楽に溺れているのですから、今の環境を断ち切らなければなりません。やるべきことをやらず、ぬるま湯につかっていると本当に困ることになります。

四爻

あれもこれもと迷いが出たり、所用が重なったりと、すぐに行動することができません。ぐずぐずしていると疑惑を持たれて反感を買うことになります。目先のことより実質的なものを優先させることが、自分を大事にすることになるのです。今は何よりもこのことを心に置いて、スピーディーに対処していきましょう。早い者勝ちと覚えていてください。

五爻

見栄や体裁を重んじることよりも実質を大切にします。とても地味な生活でケチケチ路線です。年齢や立場から言うと、そこまでするのはどうかと恥じ入る気持ちが出ますが、今はそのやり方がよいのです。交際費を抑え、財布の紐を締め、倹約に徹することは、贅沢《ぜいたく》するより美徳といえます。ひっそりと目立たないように過ごしていきましょう。

上爻

飾ることの終わりです。飾ることをやめ、堅実なやり方をしながら自分の望むことをします。マイペースを保ちながら、すっきりした気持ちになるでしょう。目線を上げず、そこそこで手を打つので悪いことはありません。好きなようにやるとよいでしょう。また、前述した通り、重病人には難しい結果となりますので、十分注意が必要となるでしょう。

23

山《さん》地《ち》剥《はく》

剥《はく》は、往《ゆ》くところあるに
利《り》あらず。

【今まさに力が尽きようとしている】

山地剥は、剥落《はくらく》を意味します。それを卦の象では、陰が陽を浸食して五つになり、陽は陰に剥ぎ尽くされて、上爻に一つわずかに残っていることで表象しています。物事がいつまでも完全な形でその姿を保つことはありません。いつの間にか気づかないうちに古くなり、壊れてくるものです。人間の若さも永遠ではなく、嫌でも老化し衰えて、やがて終わりになります。山地剥も同様で、プラスだった陽が薄く薄く削り取られ、今まさに力が尽きようとしています。あっと気づいた瞬間に崩れてしまう急激な悪さへの突入の時と考えましょう。

【手の施しようのない状態】

山地剥を得るというのは、これまで順調であったことが駄目になり、いよいよ終わりを告げられています。これ以上何とかしよう、何とかなると思って続けていけば、ますます傷を大きく深めていくことになるでしょう。ここで今までのことをすべて諦めることが肝心です。未練や努力は何の役にも立ちません。もう手遅れで、手の施しようのない状態です。ここで唯一できることを考えるならば、方向転換することしかありません。手を引く、終止符を打って別の道を模索していくことが山地剥を得た時の救われる方法です。もはや一刻の猶予もありません。

【急げ急げとサイレンが鳴る】

何を占っても剥卦は良い含みはありません。病気や仕事などは非常に難しい状態で危険が迫っています。一日の運勢でも、トラブルに巻き込まれ、携帯電話をトイレに落としてしまうなど、生活に支障を来す出来事があります。受験や就職もまったく見込みがありません。恋愛や縁談も最後のチャンスにもかかわらず、実を結ぶことはありません。出産間近な妊婦なら、すぐ産気づくので早めの支度がよいでしょう。急げ急げと耳元でサイレンが鳴っていると思ってください。今、変わらなければこの先は奈落の底に行くだけです。

初爻

剥落の始めです。非常に難しい問題が起こっているにもかかわらず、まったく気づいていません。無神経なのか、まあこのくらいはいいやとのんびり構えているのです。足元に迫る危険をいち早く察知しなければなりません。どんな小さなことにも油断せず、整理をしていく必要があります。体が不調なら受診をすべきですし、すべての総点検をしてください。

二爻

危険が身近に迫ってきました。それでもまだ甘い考えや未練を捨てようとしていません。または気にしながらも見ないようにして放っているのかもしれません。いずれにしても、ここで方針転換をすべきでしょう。早ければ早いほど次の道を作っていくことができます。損を取り戻そうとして、欲を持つことは最低の結果となるでしょう。

三爻

問題があることに変わりはありませんが、救いがあって何とか持ちこたえることができます。しかし、これはあくまで一時的な流れのことであって、永く続けようとするには無理があります。今の状態に甘んじることなく、剥落の元となっているものを切り捨てていかなければなりません。一度や二度救われても本当の救いとはならないものです。

四爻

急激に悪く変化してくる時です。もはやどうにもならない所まで来てしまったようです。背中に火がついていますから、グズグズ迷っている時間は残されていません。今すぐ手を打つのです。局面転換を図る、変わることでしか生き残ることはできません。もう後がないことを肝に銘じ、この危機をチャンスに変えられるよう、よく考えて行動してください。

五爻

山地剥の中では一番穏やかな時です。今の流れや相手に合わせて無理をしないせいか、比較的順調でしょう。楽しい出来事や多くの出会い、たとえ忙しくあってもそれが苦痛とはなりません。家庭においては尽くす妻に大事にされている夫で、まず円満といえるでしょう。イベントへの参加や何か目玉商品欲しさに行列するようなこともあるかもしれません。

上爻

剥落の終わりです。すべて削り落とされてかろうじて一つの木の実が残っている状態です。やり方次第、考え方一つで良くも悪くもなります。身勝手に好き放題をしていれば、すべてをなくしてしまうでしょう。崩壊です。当たり前のことを普通にできている人は、人望を得るでしょう。また、屋根の修繕の必要があったりします。やれることはしておきましょう。

24
地《ち》雷《らい》復《ふく》

䷗

復《ふく》は、亨《とお》る。
出《で》入《いり》疾《やまい》なし。
朋《とも》来《きた》りて咎《とが》なし。
その道《みち》を反復《はんぷく》す。
七日《なのか》にして来《きた》り復《ふく》す。
往《ゆ》くところあるに利《り》あり。

【本来に戻る】

地雷復は、一陽来復、「復《かえ》る」意味です。それを卦の象では、外卦の坤（陰・陰・陰☷）の地の下に、内卦の震（陰・陰・陽☳）のかすかな動きがあることで、陽が復ってきたことを表象します。これはたとえば目標や希望、見通しのまったくなかったところに震のやる気やきっかけが生まれ、本来の元に戻ってきたことをいいます。病人の病が治り、健康な体になったと考えてみてもよいでしょう。今までどこかに行っていた、逸れていた、それがなくなって戻るのですから、大きな希望の一歩となります。復縁、復学、復職と平穏な状態の流れがようやく始まることとなるでしょう。

【ゆっくりとした歩み】

地雷復の復り方の特徴は「ゆっくり」です。卦辞でもいうように「その道を反復す」とあってしばらくは似たような状態が続き、手応えがないように感じられ、時間がかかります。しかし確実に良いほうへ向かっていますので、急ぐ必要はありません。逆に急ぐほうがせっかく出た芽をつぶしてしまうでしょう。自分を信じてじっくり取り組んでいると、そのうちに状況が変わってきて、流れに乗ることが可能となります。良いものを表象する陽はたった一つです。動きは弱く、目標達成まで長い道のりとなるでしょう。それでもこれから始まることは、大いに期待できます。

【再発の恐れもあり】

地雷復を得るというのは、前の所に「復る」ことが前提です。復帰をすれば喜ばしいことになりますが、結婚となると独身に戻り、家に帰ると考えますので、微妙な判断となります。また、かつて病気を患い、今は何でもないところだとすると再発をいいます。ですから何をどんなふうに易を立てるかがとても大切です。人がようやく目覚めて立ち直るには、それ相応のことがあったからでしょう。地雷復の一陽は自分の志の表れです。嵐を越えた表れです。決して急ぐことはありません。生き様を大切にしながら着実に自分のものとしてください。

初爻

復ることの始めです。迷いから抜け出すことは難しいものですが、ここでは誰よりも早く自分を取り戻すことができます。それによって右肩上がりに人生が良くなっていくでしょう。この選択に後悔や失敗はありません。ゆっくりと時間をかけて歩いていけばよいのです。「継続は力」の言葉通りといえるでしょう。がんばるしかありません。

二爻

迷いを吹っ切るためにいろいろともがくことになるでしょう。自分に少なからずその気があって、そうしようと思うのですが、なかなか腰が上がりません。何かのきっかけや背中を押してくれる人があれば、すんなりと復ることができそうです。途中に休みがあってもかまいません。始めたその日が本当のスタートとなります。自分の気持ち一つです。

三爻

意志が弱すぎて迷いを断ち切れず、復ることができません。何度も何度も同じ過ちを繰り返し、自分自身そのたびに痛い思いをするのですが、どうしても難しいようです。禁煙を誓ってもやめられない、減量と思いながら言い訳をして食べてしまう。何とも情けないものですが、とりあえず試みようとするだけまだマシだといえるでしょう。

四爻

なかなか気分が乗ってこないようですが、時間がかかっても迷いを切り捨て自分自身を取り戻すことができます。目標を持って動き始めたら、良い方向に行くことは確実です。今こそチャンスと考えて思うように進んでいくべきでしょう。また、今後自分はどういう生き方をしていけばよいのか、はっきりと見えてきます。自分を信じる以外ありません。

五爻

こうしたらいい、ああしたらいいとわかっていても、実行できません。ただボンヤリと過ごすことが多く、やる気をなくしているため、何もできないまま時間だけが経過していきます。事の是非について自分の頭でしっかりと考えて答えを出すようにしていかなければなりません。何のために何をするのか、誰も教えてはくれないのです。

上爻

迷って迷って迷って迷って、結局は最後まで自分を取り戻すことができず、最悪の状況になっていきます。その結果は家族や身内、知人さえも巻き込み、大変な迷惑をかけることになります。取り返しのつかないもので、再起を図ることは無理でしょう。十年立ち上がることはできません。このことはすべて自業自得の結果です。自分を変えるしかありません。

25 天雷无妄《てんらいむぼう》

无妄《むぼう》は、元《おお》いに亨《とお》る
貞《ただ》しきに利《り》あり。
それ正《せい》にあらざれば眚《わざわい》あり。
往《ゆ》くところあるに利《り》あらず。

【自然の成り行きに任せる】

天雷无妄は、ごく自然、当たり前のこと、成り行き任せという意味です。それを卦の象では、外卦の乾（陽・陽・陽☰）の天の下に内卦の震（陰・陰・陽☳）の陽気があって、この陽気が万物を育むことは自然にかなうことなので、これを表象しています。また、无妄の文字の「妄《ぼう》」は「みだり」、自分に都合良く考えること、欲、計画を意味します。それが「无《む》」（＝ない）、つまり成り行きに任せると考えます。ですから、事をする時に作為的なやり方や計算があったりすると、无妄ではなくなるので眚いがあります。その時に一番合ったやり方が最も良いことを无妄が教えてくれます。

【それぞれの无妄を考えること】

旬の物を食べる、疲れたら休養を取る、夏は暑く冬は寒い、異性を求め恋愛をする、これは无妄です。その時に合った最も自然な在り方です。健康な人が健康食品などのサプリメントを服用する、これは妄です。では病人や体力のない人にとって薬はどうでしょうか。人間にとって薬の存在は无妄とは考えません。ですから薬が良いという場合は、よほどの状態であることが推測できます。人によって年齢によって无妄の状態というのはさまざまです。「自分の常識」にとらわれず、人間そのものを見て、それぞれにとっての无妄を考えてください。

【思いがけない幸運または不運】

无妄は、ごく当たり前に過ごしていて「思いがけない喜び事がある」、反対に「思いがけない眚いある」の、二つの意味を持ちます。自分から仕掛けていかなくてもなるようになるもので、出たとこ勝負で流れに任せているとよいでしょう。それを綿密な打ち合わせをしたり裏工作をしたりなど、考えすぎの行為はせっかくの流れを台無しにすることになります。ごく普通にやっていられるというのは、今そんなに悪い状態にないことをいいます。だからこそ変な欲を持たないことがよいのでしょう。無理のない在り方こそが无妄の心といえます。

初爻

ごく自然なことの始めです。制約されるものは何もありません。あれこれ考えてみても仕方がないので、自分の好きなようにやってみるとよいでしょう。もともと無理をするようなことがないため、普通にしているだけで悪い結果にはなりません。自由気ままに歩いてみたくなります。思うに任せて无妄の時間を楽しんでください。

二爻

思いがけない幸運に恵まれます。今まで何かに期待を寄せたりせず、無欲であったことがよかったのでしょう。大変良い思いができそうです。ここで思い違いしないでほしいことがあります。無欲であることと怠ることはまったく別のものです。当然、必要な努力をすることは无妄ですし、今あるものを大切にすることも无妄です。その結果が出ると考えます。

三爻

まったく思いもかけていないところから災いが降りかかってきます。ちょっとした配慮に欠けてしまい、注意すべきことを見落としたのでしょう。言動にはよくよく気をつけなければなりませんし、疑惑を持たれるとか、時には盗難に遭うかもしれません。身の回りへの警戒心を固めておくほうがよいでしょう。つまらない思いをしそうです。

四爻

　自分の置かれている立場や状況がわかっているため、すべてに無理をしません。これまで通り、淡々と続けていくので失敗することはないでしょう。変わったことをするとか、新しいことに手を出すことは、无妄の道から外れてしまうのでよくありません。周りのことは放っておいて自分の状態を維持し、守ることに徹していきましょう。そうすれば平穏です。

五爻

　思いがけない問題が起きてきます。体調不良など不安に感じることもあるでしょう。しかし変に策を用いたり薬を使ったりせず、そのままにして、しばらく事の成り行きを見守ってください。ひどく慌てたことも難なく済んでしまいます。起きてくることはすべて気にしないことが一番の良い在り方となります。動じない強い意志を持つようにしましょう。

上爻

　ごく自然に成り行き任せの時は、終わりです。今までのような「何となく」といったいい加減な在り方はこの先通用しません。考え方を改めて、きちんとした計画や計算が必要となります。このまま手つかずに放置していたならば、身動きが取れないほど困るようになるでしょう。もう无妄であってはならない時となっています。よく考えることです。

26

山天大畜《さんてんだいちく》

大畜《だいちく》は、貞《ただ》しきに利《り》あり。
家食《かしょく》せずして、吉《きち》なり。
大川《たいせん》を渉《わた》るに利《り》あり。

【時間をかけてしっかりと身につける】

山天大畜は、大きく畜《とど》まる、大きく蓄《たくわ》えるの意味です。それを卦の象では、内卦の乾（陽・陽・陽☰）の天、偉大なものを外卦の艮（陽・陰・陰☶）の大きな山、力が畜めていることで表象しています。事を止める卦はこの他にもあり、小畜は小さい力で止め、後にある艮為山は大畜以上の力があるものです。大畜は蓄えるものが大きく、畜める力も強いので、長い時間を要します。時間をかけてしっかりしたものを身につける、身についたものを社会に役立てて働くのです。中途半端なものは通用しません。安易に考えることもできません。それが大畜です。

【先人から学び取る姿勢】

大畜の蓄積、学び方というのは、剛健篤実《ごうけんとくじつ》、日新に対して諦めない真摯さと輝光日新《きこうにっしん》、毎日新しいことを身につけることをいいます。知識、教養、学問などすべてです。また、新しいことだけでなく前言旺行《ぜんげんおうこう》、昔の人はどんなことを言い、考え、行ってきたか、過去からも学んでいくことをいいます。前と後ろにあるものを学ぶことによって、より大きなものを身につけていくのです。コツコツと積み重ねて努力をするのですから、当然、時間がかかることになるでしょう。急ぐことにはまったく不向きです。与えられた時間の使い方によってその効果も大きくなります。

【充電期間のおける過ごし方】

この卦は大きく畜める、停止の意味がありました。自分の扱っている事柄や希望するものが易しいものではなく困難なことを示しています。相当の準備が必要で、十分な資金を用意し、時間を費やさなければなりません。ごまかしや手抜きはできませんから、よほどの力がある人でないとつぶれてしまうことになるでしょう。急進は絶対に慎まなければなりません。充電しているという言葉をよく耳にしますが、大畜にもこの意味合いが含まれています。休んで停止している間にどう過ごすかです。役に立たないものを身につけても無意味なだけです。

初爻

大きく畜めることの始めです。自分だけは大丈夫と思ってしまうでしょう。物事を甘く考えてしまい、想定外の危険に遭います。事によっては事故につながり、生命に関わることとなるでしょう。動くことは自らが進んで災いの中に入っていくようなものです。考えていることはすべて中止し、現状維持するにしても細心の注意が必要となります。

二爻

やろうとすることのすべてのタイミングが合っていません。ですから今すぐ動くよりももっと良い条件が揃うまで時間をかけるほうが有利な結果を生むでしょう。少し損をしたように感じるかもしれませんが、このほうが失敗しないで済みます。自分にブレーキをかけて畜まってください。無理をすれば物事がバラバラになり、本当に損をすることになります。

三爻

今まで駄目だと畜められていたことに一筋の光りが見えてきました。何とかなりそうな感じがありますが、急進は禁物です。一気に飛び出せばせっかくのチャンスを棒に振るでしょう。足元や周りを固めて念入りに準備をしなければなりません。気持ちを抑えて平常心を持つように心がけてください。何をするにしても「仕掛け」というものがいるのです。

四爻

気になることに対して早めに手を打っておくとよいでしょう。今ならまだ小さいことなので、時間や費用も負担にはならず、簡単に済ませることができます。苦労もありませんし、片づいた後の気持ちの良さは格別です。自分の欲望に対しては大きく膨らむ前に、その芽を摘んでしまうほうがよいでしょう。人の心に巣食う欲ぐらい扱いにくいものはありません。

五爻

事が大きくなり、厄介になってきました。そのため手段を用いなければなりません。状況把握、それに見合った策、資金が必要で、何もないまま着手することは不可能です。思っている以上に手間暇がかかるので、じっくり粘りながら対処していくことが大切です。かなりのものを費やすことになるので、それなりの覚悟をしておかなければなりません。

上爻

大きく畜める、蓄えることの終わりです。長い間努力してきたことが、ようやく日の目を見ることになるでしょう。また、自分を縛るものがなくなるので、自由に過ごせるようになります。念願が叶い、永すぎた春を終えるのです。今まで身につけてきたことを大いに発揮しながら自分の思うように進んでください。悪い意味合いはありません。

27

山《さん》雷《らい》頤《い》

䷚

頤《い》は、貞《ただ》しければ吉《きち》。
頤《い》を観《み》る。
自《みずか》ら口実《こうじつ》を求《もと》む。

【自らを成長させる糧を摂る】

山雷頤は養う意味です。それを卦の象では、外卦の艮（陽・陰・陰☶）は動かない上あご、内卦の震（陰・陰・陽☳）は激しく動く下あごをいい、口は食物を取り入れる器官で、人体を養っていくことを表象しています。卦辞では、口の中に入れるものは正しくてバランスが取れたものがよいといいます。食べ物以外でも人が自分の体内に取り込み、身につけるものは常識的な事柄が望ましいといいます。人は食べた物で体を養い、身につけた教養によってその人間の何たるかを作っていくものです。ぞんざいな扱いをすれば偏りが出てくるでしょう。

【自らの品格を表す】

人が生まれてきてから何を培ってきたかは、育ちや生活様式、普段の言葉遣いからその人の人柄がわかるものです。自分もそうやって人を見て、人もまた自分を評価し、判断していきます。品位とでもいうのでしょうか。いかに身につけてきたものが大切であるかがわかると思います。山雷頤はそのことを強く教えてくれます。また、養いを意味する卦（他に水天需、水風井）でもありますので、病人や病後などは食養生を示しています。人間はどうやって食べていくか、つまり生きていくかといった現実的なことを問いかけています。自分の暮らし方を振り返ってみましょう。

【口は災いの元】

少し難しくなりますが、易の繋辞上伝に「乱の生ずる所は、言語を以て階となす」の言葉があります。大意は「トラブルというのは言葉が最初のきっかけになる」です。山雷頤を考える時に大切なことで、おしゃべりについて戒めています。舌禍《ぜっか》問題を起こすことがあるからです。ついうっかり言葉がすべる、噂話、品のない表現などによって失うものがあるためです。言った言わないで世間を騒がすことを見聞きしているでしょう。使う言葉を間違えると無残な姿をさらけ出すことになります。しゃべる、食べる、養う……。案外、難しいものです。

初爻

山雷頤の始めで、下あごが外れてしまいました。しゃべることも食べることもできません。そして自分の持っている良さにまったく気づかず、他の人を見て羨ましそうに指をくわえています。このままでは何も始まりません。自分の個性を見直しましょう。言葉を発して自己アピールをしましょう。言いたいことを言えないようでは、この先困ることになります。

二爻

自分で自分のことをしっかりできるにもかかわらず、やろうとしません。食べさせてほしいとあてにならないものをあてにして、無駄な動きをします。心の奥底にある淋しさが依存心を作ってしまうのかもしれません。しかし、どう願って行動しても、手助けしてくれる存在は残念ながら現れません。目先で間に合わせたりせず、自分の力で生きましょう。

三爻

間違った考えをしているため、まったくうまくいきません。自分のことばかり考えて、食べるためには何だってするというような、目的のためには手段を選ばない行動が、将来をなきものにします。人間としてごく普通の意識を持たなければなりません。見当違いな動きは何の役にも立ちません。言うまでもなく凶です。

四爻

言うべきことはどんどん言いましょう。強気で迫り、相手にはこちらの要求をすべて呑ませてしまうのです。家庭内のことや身内のことになると遠慮してしまいがちですが、気遣いは無用です。我慢したりせず、強引に押し切ってください。今のままでは甘く見られ、なめられるだけです。格好をつける必要はありません。言葉を発することで良さが出ます。

五爻

自分が前面に出たりせず、人任せで過ごしましょう。そして任せた以上は余計な口をはさむことは控えなければなりません。自分の弱点を心得て、相手に寄りかかることが良い結果となります。もし任せることに不安があるのなら、初めに範囲を決めておくとよいでしょう。しゃべることに問題がなく、穏やかな時となるでしょう。

上爻

山雷頤の終わりです。口を大きく開けた象をいい、局面が変わることを意味します。自分だけのことなら、これまでつっかえ棒となっていたものが外れて、晴れ晴れとした気持ちです。思いっきり深呼吸ができる良さがあるでしょう。ただし人間関係などのように他者が絡むことは、あてにならないことがあり、口約束は反故にされます。

28 沢風大過《たくふうたいか》

大過《たいか》は、棟撓《むなぎたわ》めり。往《ゆ》くところあるに利《り》あり。亨《とお》る。

【欲望ばかりが強く出る】

沢風大過は、「大きく過ぎる」の意味です。それを卦の象では、真ん中に四つの陽があり、大が過ぎていることを表象します。また、卦の象を一本の木材に当てると、中が強くがっしりしているものの、両端が陰で小、弱くあるため、木材が撓んでしまうことをいい、ここから本末弱しと考えます。つまり、欲望ばかりが強くて動機と目的がしっかりしていないのです。度が過ぎて持ちこたえられない状態ですから、事がうまくいくなどありません。家がつぶれてしまうような非常事態にあることを「棟撓めり」といいます。「過ぎる」卦ですから大変厄介です。

【黒か白かの極限状態】

木のてっぺんまで水が上がってくることを想像してみてください。このような光景が大過です。ちょっとやそっとではどうにもなりません。大変な苦労がありますし、場合によっては理屈抜きに無理とわかっていてもやらなければならない時があります。このような凄まじさが大過の持ち味といえるでしょう。自分の器以上のものを背負い、体力の限界を示しています。ですから何とかなるという甘い考えと欲まみれの人は必ず破滅していくでしょう。大過は「過ぎる」です。曖昧さや中間はありません。白か黒か、右か左か、有るか無いかの極端なことをいいます。

【すべてにおいて「過ぎる」】

大過には「棺」の意味があって、説明のつかない不思議な出来事の原因に、お墓の祟りや障りがあると考えます。また、重病人は危険で難しい判断となります。十分に注意してください。一般の人でも大過の時というのは、どこかに「大きく過ぎる」状態があるはずです。働きすぎる、遊びすぎる、怠けすぎる、お金がなさすぎるなど、背骨が反ってしまうほどの大変さです。他にも詐欺や盗難、傷害、失業など非常事態が考えられますので、生活全般を再点検する必要があります。何か事を起こすことは自滅していくだけです。すべてやめるべきでしょう。

初爻

大きく過ぎる時の始めです。慎重さや丁寧さを「過ぎる」くらいにするようにいいます。すべてのことに対して念には念を入れ、用心の上にも用心し、薄氷の上を歩くようにそっと、です。人から小心者といわれるかもしれませんが、今はそのような状態でいることが自分を守る術となるでしょう。それができるかできないかで結果が天と地ほど違ってきます。

二爻

もう自分は駄目かもしれないと思っていたことに、ひょんなことから新しい動きが出てきます。不釣り合いな感じがして気後れするかもしれませんが、それはそれで実があるものに変わってきます。まずまずの結果は得られるでしょう。また、年齢差のある人と恋愛や結婚もあります。格式にこだわらず、実利を取るとよいでしょう。案外、良い組み合わせです。

三爻

やるしかない、やればできるといった過信から大失敗をします。これまで人に相談することもなく、意見にも耳を貸さなかったため、もはや誰も助けてはくれません。やり方が間違っていることに気づかず、このまま続けていれば、家がつぶれてしまうような崩壊を招くことになるでしょう。すべて中止、そして欲を捨てるしか生き残る道はありません。

四爻

言葉では言い表せないほどの大変に苦しい状況です。人間ですからそんな時は何かにすがったり依存したくなったりしますが、それはよくありません。今はどんなに辛く苦しくても、自分一人で踏みこらえ、がんばるしかありません。手近なものに手を出すとその後、非常に厄介なことを背負うことになります。誘惑に負けず我慢することです。

五爻

老婆が若い男性と一緒になるようなもので、一時的な喜びや楽しみがあります。しかしそれは、長続きするものではないし、あまりにも分に合わないために恥ずかしい思いをすることになります。実利もありません。退屈しのぎくらいに考えるとよいでしょう。若い人ならすぐに飽きてしまうので、手を出さないほうがよいかもしれません。

上爻

大きく過ぎる時の終わりです。身の程を知らずに力量以上のことをやろうとしています。その結果は嵐の海に飛び込むようなもので、凶であることはいうまでもありません。また、理屈抜きに無理を承知でやらなければならない状況にあることをいいます。健康に問題を抱えながら仕事をしなければならないなどもあり、簡単に非難することはできません。

29

坎《かん》為《い》水《すい》

習坎《しゅうかん》は、孚《まこと》あり。維《こ》れ心亨《こころとお》る。行《い》けば尚《たっと》ぶことあり。

【重なる苦労があるもやがては成功】

坎為水は、「重なる困苦」「落とし穴」の意味です。それを卦の象では、内卦も外卦も坎（陰・陽・陰☵）の水、流れ、陥るが重なっていることで表象しています。坎の水は昼夜を問わず流れてきては一つの穴を満たし、また先へと流れていき、止まることがありません。このように坎の大変な苦労があっても、目標を失わず粘り強く続けていけば、やがては良い結果を得ることができます。一つの問題を解決し、また次の問題を解決していくような強い精神が求められます。時間をかけていくといずれは目鼻がついてきます。坎為水は決して悪いことばかりではありません。

【無理ない動き】

坎為水を考える時に大切なことは、「水」の性質を理解することです。水はその時の状態に合わせて流れていき、勢いに応じた進み方をするので、動きに無理がありません。そしてそこには欲がありません。人間も同じように止まることなく繰り返し繰り返し努力し修養することで、困難に遭ってもそれを乗り越えていくことができます。何よりやっただけの効果を期待することができるでしょう。時間は想像以上にかかりますが、やりがいもあるといえます。また、坎為水のように同じものが上下にある卦を「重卦」といって、「二度」の意味があります。

【「二度」の状態】

坎為水は重卦ですから、同じことが繰り返されると考えます。年運ならば前年と同様ですから、苦しい運気であったならそれをそのまま引きずり、穏やかな運気だったならそのまま続いていくでしょう。恋愛の場合は腐れ縁を意味しますから、別れることが難しくなります。結婚は「二度」の意味から、再婚なら問題はありませんが、初婚はおすすめできません。病気は痛みが伴い、長引きます。新規事は立ち上げさえも難しいもので控えるほうがよいでしょう。すでに始まっていることはこのまま続けていくしかありません。苦しいなりにやっていくでしょう。

初爻

水が流れる始めです。能力も目標も何もないまま思いつきで動こうとしています。その結果は思うようにならず、まるで穴の中のそのまた下の穴に落ち込むように苦しい状況になります。当分そこから抜け出ることはできません。無駄を重ねるだけの行為は愚か者のすることです。欲を捨てて動かないことが一番良いこととなるでしょう。

二爻

やや力不足の感じですが、目標を定め、少しずつ時間をかけてやっていくと良い結果が得られます。変化がなく安定した状態ですから心配することはありません。このまま続けていけばよいでしょう。一日の運勢でも忙しくはあってもスムーズに事が運んでいくので充実した時間を過ごすことができます。問題がないので簡単なことなら何かしてみましょう。

三爻

前も後ろも落とし穴。その穴はとても深く、動きようがありません。前門の虎、後門の狼とはこのことをいうのでしょう。大変な苦しみに遭います。もがいて動けばその分だけ身動きがつかなくなるでしょう。今はただ時を待ってじっとしているしかありません。これは今までやってきたことに問題があったために起きた結果といえましょう。忍耐です。

四爻

今は坎為水という難しい流れの中にある時です。このような時は型通りの行動や駆け引きは禁物です。なるべく簡単に、そして本音で当たるようにしましょう。正面から堂々と、というよりも、影からひっそりと目立たないやり方に良さがあります。また、お酒に縁があるので、何かの場面に用いてみても面白いでしょう。悪い含みはないので心配ありません。

五爻

大変な時を乗り越えてきています。少しずついろいろな問題が解決し、片づいてきました。始めはなかなか調子が上がりませんが、徐々に平穏な流れとなってくるでしょう。時間が味方をしてくれるので、焦らずにこのまま粘り強く続けていけば、心配することはありません。安定した状態を保って過ごすことができます。辛いのは最初だけといえます。

上爻

坎為水の終わりです。今まで無理を押してまでやってきたので、次々と問題が出てきます。それも一気に吹き出てくるのです。ここでの失敗は三年の月日を要するほどの酷いものとなるでしょう。法律問題、刑事罰のこともあります。これ以上傷を大きくさせないためにも、今は辛抱するしかありません。少しの動きもプラスになることはないのです。

30 離《り》為《い》火《か》

離《り》は、貞《ただ》しきに利《り》あり。
亨《とお》る。
牝牛《ひんぎゅう》を畜《やしな》う、吉《きち》なり。

【正しき取捨選択】

離為火は「つく」「明」などを意味します。それを卦の象では、内卦も外卦も離（陽・陰・陽☲）の火で、同じものが重なることで表象しています。離の火の性質というのは、必ず何かにくっついてその存在を保ちます。燃えつく先があって自分も燃えることができるのです。そしてその燃えつくものは正しいものでなければなりません。間違ったものにくっついていても、自分の火を燃やすことはできません。濡れている紙に火をつけても燃えないことと同じことです。何とくっつき何を捨てるかの選別は、離為火を考える上でとても大切な要素です。貞しきに利あり、です。

【素直に聞き入れる態度で吉】

火は明るくて一気に燃えてくるものですが、燃料がなければすぐ消えてしまいます。ここから「物事はスピーディーに対処していかなければならない」と考えます。また、何かに「つく」ことが最初ですから、自分は受け身であることを承知しなければなりません。人の前を行くのではなく後ろからついて行く、素直に聞き入れる態度であれば、問題なく過ごしていくことができます。良きものにくっついて自分もどんどん良くなっていきましょう。悪いものにくっついて自分の存在意義をなくすことはありません。火は坎為水と違って明るい時代なのです。

【「火」の扱いに要注意】

離為火の火の明るさというのは、好調を表しています。不安がない時といってよいでしょう。しかし見かけの良さとは裏腹に、中身は案外、空っぽであったりするので、一時的な好調さで終わることがあります。また、内側での問題や混乱があったりもします。健康運では「火」ですから、火傷には注意しなければなりません。火事やボヤ騒ぎも起こしやすいでしょう。契約や文章に関すること、個人情報の取り扱いにも慎重さが必要です。火は次々と燃え移るものですから、扱い方が不十分であると、いろいろな所に飛び火して厄介なことになるからです。

初爻

火が燃え出す始めです。火の勢いは弱く、何にくっついてどう燃えていけばよいのかまったくわかっていません。それと同じで、目的を持たないまま、ただバタバタと動こうとするだけで得られるものは何もありません。軽率すぎる行動は失敗しかないので、最初によく考えることが大切です。スタートで躓《つまづ》かないようにするためにも、まずは落ち着きましょう。

二爻

よく燃える火です。一番きれいで勢いもあります。しかし火は燃料がなくなれば、いずれ消えてしまいます。燃えているうちにスピーディーに対処していきましょう。時間との勝負で早さが勝利の決め手となります。また、「つく」ことが大切ですから、柔軟性を持ってすべてに臨むとよいでしょう。離為火の中で一番順調に過ごせる時です。

三爻

燃える火の勢いが少し弱くなってきました。以前のような状態を求めてみても叶うことはありません。過去を懐かしみ、現在を嘆き愚痴をいってみても仕方がありません。世の中はなるようにしかならないと大きく構えてのんびりするのもよいでしょう。本来はまだ火は燃えているのですから、現状に満足し、無理をしなければ平穏に過ごすことができるのです。

四爻

火が突然発火するように、思いつきで動こうとします。無計画のままの急な変更は失うものが多く、無残な結果となるでしょう。欲を押さえて人との和を保つようにしなければ、厄介な争い事を抱えるようになります。わざわざ災いの中に入っていく必要はありません。気持ちが高ぶっている時ほど立ち止まり、冷静になることが大切です。強引さは凶です。

五爻

今にも消えてしまいそうな火です。自分には能力もなく立場も悪いため、思い通りになることはなく、涙と溜息の日々となるでしょう。しかし完全に火が消えてしまったわけではありません。何かしらできることがあるはずです。細々とでも続けていると活路が見出せるので、周囲を見ながら嘆かずに過ごしていきましょう。時間をかけることです。

上爻

燃える火の終わりです。高い所で燃えているため、いろいろなことの情報や状態を知ることができます。その結果、あれやこれやと手を出して、いつの間にか広がりすぎて苦境に立つことになるでしょう。どこまでやるのかという守備範囲、行動範囲を決めておく必要があります。小さなことは放っておき、大事なことだけ着手するようでないと自分がつぶれてしまいます。

（2）下経

31 沢山咸《たくざんかん》

咸《かん》は、亨《とお》る。
貞《ただ》しきに利《り》あり。
女《じょ》を取《めと》るときは吉《きち》なり。

【お互いに感じ合う】

沢山咸は、感応の意味です。それを卦の象では、内卦の艮（陽・陰・陰☶）の若い男と、外卦の兌（陰・陽・陽☱）の若い女が背中合わせにいて、互いに感じ合うことを表象しています。沢山咸の「咸」の文字には「感」に「心」がありません。これは無欲無心を表すものです。下心やずるさを持って近づく人をどう思うでしょうか？　この人は良い人だと何となく気が合うという好ましいものや、純粋な人間性を感じ合い、通じ合うからまた動きたくなるのが人間の常でしょう。ここから沢山咸の「感応し合うには貞しき動機」と「打算のないことが必要」であるといいます。

【仕事運としては躍動せず】

沢山咸は若い男女が正面を向き合っているのではなく、背中合わせにいます。そのため感じ方が鈍いことをいい、仕事においては躍動するものがなく、波に乗っているとはいえません。沢山咸の計算抜きの純粋な意味と、仕事というものの本質が合っていないので、良い含みはなくなります。

また、沢山咸は結婚の卦ですが、実際問題として結婚を考えると、時間がかかってしまうと難しく、まとまりません。恋愛も一度限りの肉体関係だけで終わるか、そうならない前段階で消えてしまうことが多いものです。なぜ、そういった結果になってしまうのでしょう。

【典型的な「ムード」の卦】

若い男女の結びつきというのは、楽しく一気に感応し合うのが普通の姿でしょう。ですから事がまとまるのであれば早いものですし、非常に生々しい含みがあることも事実です。また、沢山咸は若い男女の結婚の卦、つまり新婚ムードでいっぱいです。全体的には何かが始まりそうな期待感だけで終わると考えるからです。人間の心の動きほど移ろいやすくあてにならないものはありません。「感じる」とは実体のないものですから、特にそういえるのでしょう。どのように感じるかを、沢山咸は体の部位を使って表現しています。体感してみてください。

初爻

感応の始めです。その感じ方は足の親指がムズムズするくらいでパッとした感じはありません。しかしこのまま放っておくこともできず、何とももどかしい様子です。その気になりながらきっかけが不足しているのでしょう。動くことができません。そのような時はじっとしているのがよいでしょう。ただし、チャンスに対しては逃しやすいものです。

二爻

腓《ふくらはぎ》に感じることから、むやみに動こうとしていることをいいます。自分自身がないわりには目先や人につられてしまい、言うままされるままにバタバタしています。こうなるのは心をくすぐられるような誘惑があるためですが、乗ったらアウトです。簡単に信用することはなりません。ムードだけのことですからじっとしているのがよいでしょう。

三爻

人間の一番敏感な部位の股に感じます。そのため、まったくコントロールが利かず、強烈に動いてしまいます。欲情状態ですから見境がありません。そのことだけに夢中で、後先を考えない行動は見るも無惨な結果となるでしょう。我慢するのがよいのですが、それができないのが泣き所でしょう。人間性を疑われることになるので自制心を持ってください。

四爻

心に感じることをいいます。気苦労が多いのは、物事に対して考えすぎてしまうからです。それではいつになっても、どうあっても心が落ち着きません。あれこれと心配したりせず、行動してみてもよい時です。しかし気持ちが決まらないのなら無理する必要はありません。不安を抱えながらやっても仕方がないので、様子を見ていてもかまいません。

五爻

背中に感じます。人間が刺激を受けて欲が芽生えるきっかけとなる器官は身体の前面にありますが、ここでは背中なので、何とも心が動かずピンと来ません。悪くいえば無関心、鈍感です。もう少しその場の空気を読み、事を察することができるように緊張感を持ちましょう。反応の鈍い人を待ってくれるほど、世間は暇でも優しくもありません。

上爻

感応の終わりで、ものを言う器官の口を指します。あることないことペラペラと調子の良いことをしゃべりまくります。口先だけで実がありません。舌禍問題を起こしやすいので注意が必要です。反対に自分に甘さがあると口車に乗せられて大損することもあります。また、家庭においては口うるさく干渉されることになり、煩わしく感じることとなるでしょう。

32

雷風恒《らいふうこう》

䷟

恒《こう》は、亨《とお》る。
咎《とが》なし。
貞《ただ》しきに利《り》あり。
往《ゆ》くところあるに利《り》あり。

【女がへりくだり、男があぐらをかく】

雷風恒は、恒久、夫婦を意味します。前の卦の沢山咸は艮（陽・陰・陰☶）の男が、兌（陰・陽・陽☱）の女の下にいて、男が女の機嫌を取りながら恋愛をしている姿でしたが、雷風恒は内卦の巽（陽・陽・陰☴）の女がへりくだり、その上に外卦の震（陰・陰・陽☳）の男があぐらをかいていることから、夫婦の姿であることを表象しています。そして夫婦は永く続くことがよいのです。卦辞では、「これまで続いてきたことをこれからも変わらず守っていくことができれば、希望が亨る」といいます。続けていくことの良さが強調されるからこそ、間違っていることを続けることがないようにしなければなりません。

【継続することの大切さと難しさ】

雷風恒は「恒久」ですから、変化することを最も嫌います。ずっと続けるのですから、保守的ですし、平凡で退屈な要素も持ち合わせています。また、同じことを続けるにしても、すべてがそのまま変わらずにある、とは無理なことです。大きな枠があってその中での小さな変化があって、維持できているものです。夫婦を考えてみても、新婚ムード、出産、多少の波風が立つ、互いに齢を重ねるというように生活に変化がありながら、夫婦は夫婦という一つの形がしっかりしています。これらのことから続けることの大切さと難しさを教えてくれています。

【変わらないことと変わること】

占って雷風恒を得たら、変わらない、変えないことを考えます。そして続けることがよいというのは、今そんなに悪い状態ではないことをいいます。しかし人間というのは今の状態に満足できるものではなく、もっともっと欲が出てくるものです。それを踏まえて自分の状態を考えてみてください。また、こんにちの結婚を考えると、離婚の増加などもあり、夫婦の在り方については大きな課題となってくるでしょう。永く続けるという行為から「一定期間続ける」の方向に変わっていくのかもしれません。雷風恒という枠の中で易の読み方も変わりゆくでしょう。

初爻

恒久の始めです。まだ何もスタートしていないのに大きな期待を持ちすぎています。続けられた後に出される要求ならば周囲も納得できますが、これではまったく相手にされません。自分中心に考えるだけでは思い通りになることもなく、良くない結果となるでしょう。遠慮すること、距離を取ること、手順を踏むことが何より大切です。

二爻

易六十四卦の三百八十四爻ある中で、最も辞が少なく、雷風恒の中でも安定した意味を持ちます。順調そのものであることもありません。心配することもありません。それは自分自身のことがよくわかっているからでしょう。余計なことをしたりせず、やるべきことをやり、これまでのことを続けていけるしっかりしたものがあるからです。現状維持が何よりの成功でしょう。

三爻

これまで通りのことを守ることができません。欲が出てくるのか、あれこれと考えてしまい、変化を求めてしまいます。その行為は不利な状況を招くだけで後悔することとなるでしょう。漠然とした不安や行き詰まりに対して見通しのない動き方をしてみても、うまくいくことはあり得ません。焦る気持ちを抑えて不慣れなことはしないほうが無難です。

四爻

まったく駄目なものを続けています。言葉は悪いのですが、馬鹿の一つ覚えのように決まり切ったことを何の考えもなく同じように繰り返しています。これでは無駄を重ねるだけで何の意味もありません。新しい試みや工夫をして現状を打破していく必要があります。また、何かしてみても得られるものはなく、期待外れに終わるでしょう。見込みなしです。

五爻

占ったことが男性と女性とで判断が違ってきます。女性はこれまでのように一つのことを続けていくのが良い結果となります。男性は同じことを続けていくにしても、そこには変化や創意工夫が必要です。また、人生のけじめをつけなければなりません。特に家庭内に問題を抱えている場合は、大きな決断が求められる大事な時期に来ています。

上爻

恒久の終わりです。事を続けることができず、ガタガタと激しく動いてしまいます。精神的にも不安定で、まったく落ち着きません。これまでのことを続けていられれば問題はないのですが、そうできないで苦しむだけとなります。こういう時は新しいことには手を出さず、当たり前のことを当たり前にやるのがよいのです。安定を保つことが大切です。

33
天山遯《てんざんとん》

☰
☶

遯《とん》は、亨《とお》る。
小貞《しょうただ》しきに利《り》あり。

【危険を避けるために逃げるべき】

天山遯は、遯《のが》れるの意味です。それを卦の象では、外卦の乾（陽・陽・陽☰）の天の下に、内卦の艮（陽・陰・陰☶）の山があって、山が天に近づこうとしても、天は高く山を退けることで表象しています。卦辞で「小貞しきに利あり」とあります。小の陰、良くないものの扱いを貞しきにと、避けることがよいといっています。避けるとは逃げる、整理することです。足元に迫る危険に対して早く手を打ち、これ以上陰が増長してこないようにするのです。甘く考えて野放しにしていると、逃げることができなくなり、苦しい立場に立たされます。

【一刻の猶予もない状況】

天山遯は、遯れることで初めて救われます。万が一、遯れることができなければ、身動きが取れない状態になるでしょう。山火事があると動物が一斉に逃げていく様を思い浮かべてください。なりふり構わず一目散です。その状態がそのまま自分の身に起こっているのです。一刻の猶予もない危険にさらされていることに気づくことができるでしょう。そして大事なことは、何から遯れるのか、遯れる対象をしっかり把握することです。仕事や家庭、金銭や人間関係など運勢全般に当てはまることなので、身の回りの再点検を早急にしなければなりません。

【情けではなく冷静な判断を下す】

占って天山遯を得るというのは、考えている以上に悪い状態が進んでいます。その一方で、天山遯は問題に対してまだ遯れることができる時間があると考えます。もしそうでないならば、他のもっと厳しい卦爻を得たでしょう。何とかなるうちにどう整理していけばよいのか、時間の使い方、そして何より欲と情の断ち切りができるかできないかがすべてを決定するといってもよいでしょう。人間は弱い生き物ですから、頭では十分わかっているのに、行動に移せないことがあるものです。冷酷といわれようが心を鬼にして、今は逃げることです。

初爻

遯れることの始めですが、ここでは尾っぽに当たり、ぼんやりしていて逃げ遅れてしまい、危険が身に迫っていることをいいます。何とかなるのではないか、助けてくれるのではないか、と甘い考えをしていたために、自分の置かれている状況に気づくことができなかったのでしょう。もはや逃げることができず、抜き差しならないこととなります。

二爻

一時的な良さがあるために、問題を問題と思えないような気分になります。「まあいいか」と、逃げることを考えなくなってしまいがちです。しかし時は天山遯、逃げることで安全が保たれることを忘れてはなりません。もう一度気持ちを引き締めてください。ここで情に負けてしまったらアウトです。何としてでも逃げること、危険と背中合わせにいます。

三爻

逃げなければならない時にもかかわらず、どうしても未練が断ち切れずにいます。身内を巻き込んでのことが多いため、決断できません。非情のようですが、すべてを捨てて身軽になるほうがよいでしょう。今のかかわりは必ずお荷物となり、自分自身をとことん苦しめるものとなります。何も持たずに裸で逃げるくらいの覚悟が必要です。それも早急に。

四爻

逃げなければと思いながら、それは何とも自分にとって好ましいものであるために心が揺れ動きます。大好きな人を諦めるのと同じくらいの辛さがありますが、ここは見送るしかありません。今のままではプラスになることはありません。自分の欲に勝つしかなく、そうできる人は良い結果を得るでしょう。そうでない人は語るに及びません。

五爻

逃れるための好都合な条件が揃います。他の誰かが自分の肩代わりをしてくれるなど、自然なかたちで無理なく離れていくことができるので、恨みを買うこともなく、責任を負うこともありません。この機会を大いに利用しましょう。気持ちを切り替えてこだわりを捨ててしまえることが、この結果を生むのです。後は任せた、と上手に逃げることができます。

上爻

遯れることの終わりです。義理やしがらみがまったくないため、自分の好きなようにのんびり過ごしていくことができます。思い残しがないので、引退や隠居をするには最高の時といえます。ですから若い人に得ることは少なく、年配者の運勢に得るものです。心配するようなことはありません。悠々自適に人生を大いに楽しむとよいでしょう。

34

雷天大壮《らいてんだいそう》

大壮《だいそう》は、貞《ただ》しきに利《り》あり。

【歯止めが利かない好調さ】

雷天大壮は、壮《さか》んの意味です。それを卦の象では、内卦の乾（陽・陽・陽☰）の天の上で、外卦の震（陰・陰・陽☳）の雷が烈しく轟いていて、壮んなことを表象しています。また、陽は大を意味し、四つの陽の勢いがますます成長していく状態をいいます。雷天大壮は、好調そのもので、流れに乗っています。普通にしていても背中を押されていくようにスムーズに事が運んでいきます。ですから、どこかにブレーキを用意しておかなければ歯止めがまったく利きません。抑え気味にしていてちょうどよいくらいなのですが、好調な時ほど目線が上がり、手を広げていきたくなるのが人間というものです。

【盛運の時ほど慎重さを】

雷天大壮は勢いに乗ってずんずん前進できる時です。そういう時ほど慎重さが大切で、謙虚さが求められるものです。調子に乗って傲慢になったり、礼を欠いたり、ルールを破るようでは、その人の人間性を疑われるようになるでしょう。また、力のある時というのは、お金にまかせて何でもやり遂げようとする一面が出てきます。そのため金銭問題を起こしやすいので、貸借や保証、投資などは気をつけなければなりません。強引さは一歩間違えば暴走になり、止めようにも止めることができません。盛運の時を本当に生かし切るように歩んでください。

【拡張路線は諸刃の剣】

地天泰という安泰を意味するバランスの良い卦がありました。これは三陰三陽でしたが、雷天大壮はそれと比べてみると、一本陽爻が多くあって、四陽二陰です。今は乗りに乗っていますが、この先、どれぐらい伸びていけるかを考えると、あと二つの陰の部分しかありません。つまり、バランスが崩れてきているとみてよいでしょう。このまま勢いにまかせて動くことよりも、もう少し立ち止まるくらいが望ましいのです。拡張路線を敷いた結果、破綻の憂き目に遭った多くの企業の姿を思い返してみると、雷天大壮の実情が理解できるでしょう。

初爻

壮んな時の始めです。目的、能力もないままにただ勢いにまかせて動こうとしています。「やる」ことだけに夢中で、それはどういうことなのか、その後どうするのかといったことはまったく頭にありません。これでは当然失敗することになるでしょう。このような思考行動を取る人は、同じ過ちを繰り返しやすいので気をつけてください。新規事は凶。

二爻

壮んで好調な時でありながら、決して無理をしません。状況を見ながら抑え気味に進むので失敗することもなく、良い結果を得られるでしょう。このまま順調に事が運んでいきますから、ペースを崩さずにしていけば心配するようなことはありません。むしろ良いことが起きてくると考えてよいでしょう。明るい性格が良い流れをいっそう促します。

三爻

深く物事を考えることができないため、自分にブレーキをかけることができません。すぐに何でも頭を突っ込み、手を出してしまいます。やりすぎた結果は悲惨なもので、特に金銭の絡んだことになるとすべてを失ってしまうほどのことになり、再起不能となるでしょう。調子の良い話ほど気をつけなければなりません。「暴走」しているだけです。

四爻

ちょっとした問題に突き当たり、立ち往生します。しかし慎重に対処していくので困るようなことはありません。無駄な動きをせず、上手に時間を使っていくため、自然と良い流れに戻ることができるでしょう。もがくことなく手順を踏んでいけばよいのです。また、現状に満足し、何もなさないままに過ごすこともあります。一歩踏み出すのもよいでしょう。

五爻

好調そのものです。自分から事を起こさなくても自然と背中を押されていくような流れの中にあります。あれこれ考えずに成り行きに任せていくほうがよいでしょう。仕事、恋愛、結婚、健康や金銭などすべてに不足のない時となるので、思う存分、この好条件を楽しんでください。誰もが一度は味わってみたい運の流れが来ているのです。幸運です。

上爻

壮んな時の終わりです。じっとしていればよいものを、勢いにまかせて動きすぎてしまい、問題を起こしてしまいます。どうにも身動きが取れず、大変苦しむことになるでしょう。すべてはどうしてこうなってしまったのか、どうすればよかったのかと反省をしなければなりません。冷静に自分自身のことを分析できる人には救いが与えられるでしょう。

35

火《か》地《ち》晋《しん》

䷢

晋《しん》は、康侯《こうこう》用《もっ》て馬《うま》を錫《たも》うこと蕃庶《はんしょ》たり。昼日《ちゅうじつ》に三《み》たび接《まじ》わる。

【進み方の良し悪しで結果が変わる】

火地晋は進むの意味です。それを卦の象では、内卦の坤（陰・陰・陰☷）の地の上に、外卦の離（陽・陰・陽☲）の朝日が出てくることで表象しています。また、離というのは明智をいい、それを備え持った人に坤の民衆が従うことをいいます。明智、つまりすべての状況を把握し、時とタイミングを計算して進んでいけば失敗するようなことはありません。その功績により、上位者からたくさんの馬をもらい、昼の間に三回も接見を受けるような寵愛《ちょうあい》をされて出世していくこととなるのです。進み方の良し悪しで手にする結果が大きく違ってくることを火地晋はいいます。

【御来光に手を合わせるような爽快さ】

火地晋は、暗い夜が終わり、朝日が昇ってくる象ですから、人々の心に希望ややる気があふれます。それは御来光に手を合わせた時の爽快な気持ちと同じようなものでしょう。何かが始まる期待感で明るいムードです。それだけに盛り上がりはあるものの、案外、実利は少なく、行動した場合は気分的には非常に満足感が得られますが、それだけで終わってしまうこともまた多いものです。それ高揚感のある何かの応援には適していますが、交渉などの駆け引きを要することには不向きかもしれません。また、「朝日」ですからすべてにスピード感が必要です。

【進むための条件が整う】

晋卦は、進むことができるような諸条件が整っていることをいいます。離の持つ明るさというものを、単純に「火」「朝日」ととらえるのではなく、人間の暮らしにとっていったい何を意味するものなのかを考えてみてください。たとえば仕事なら資金、人材、能力があることをいいますし、健康なら体力があることになります。家庭なら手の掛かることや頭を痛める悩みがないことをいいます。人間が健やかに過ごせるものが明るさの正体です。反対に暗さといったら、もうわかりますね。易を考える上で卦象の読み方は、とても大切なものです。

初爻

進むことの始めです。そのため動きたい気持ちが強くありますが、妨害があってうまくいきません。希望は打ち砕かれて溜息と嘆きになります。どうあっても駄目なものは駄目と心して、今は無理をせず、待つことでタイミングをずらしていくほうがよいでしょう。時間をかけてからでも遅くはありません。病気の初期は、「進む」の意味から要注意です。

二爻

進みたい、やってみたい気持ちはあるものの、今後の自分を思うと不安があってなかなか進むことができません。さまざまに思い煩い、心配することとなるでしょう。しかし、ゆっくり時間をかけていると、身内や縁ある人からの助けが入って良い方向に進みます。年配の女性の存在が重要なポイントとなるので、毛嫌いせず交際してみましょう。

三爻

良き仲間に恵まれています。進む時ですから一人で行動するのではなく仲間と共に動くことがよいでしょう。よく相談して、考えを同じにして、信頼関係を深めていくことが今は大切です。後にもっと良い条件の下で進むことができるようになるので、それまでは自分一人の考えで決断をしないようにしてください。今のままでいても悪いことは何もありません。

四爻

火地晋の中で一番問題の多い危険な爻です。「鼫鼠《せきそ》（大きいネズミ）」に当たる災いが潜んでいるので、この正体をつかまえなければなりません。自分のことならすべてに貪欲すぎていて思い上がりもあり、力量以上のことに手を出してしまいます。その結果は酷いもので厄介極まりありません。どんな方法で鼫鼠を抑えていくか、頭の痛いことです。

五爻

損得を気にすることなく思うように進んでよい時です。火地晋の中で最も安心して行動できるので、逆に今やらないと後悔するでしょう。ここで動いたことは達成感があり、非常に満足を得られます。今までずっと待っていたことや我慢していたことかもしれません。「案ずるより産むが易し」とはこのことをいうのでしょう。進んでください。

上爻

進むことの終わりです。進むことに頭がいっぱいであったために、自分の周りや足元がおろそかになってしまいました。今になってようやく問題に気づくので、後手後手に回るかたちで対処しなければなりません。何とか解決できるにしても、ここで失うものは多く、苦労することになるでしょう。身辺に対しては常に目を光らせておくことです。

36

地《ち》火《か》明《めい》夷《い》

䷣

明《めい》夷《い》は、艱《かん》貞《てい》に利《り》あり。

【一にも二にも忍耐と我慢】

地火明夷は傷つく太陽の意味です。それを卦の象では、内卦の離（陽・陰・陽☲）の太陽が、外卦の坤（陰・陰・陰☷）の地の下にあることで、どんなに正しい主張であっても傷つけられる、夷《やぶ》れることを表象しています。そして地の下に押し込められている太陽ですから、暗黒の地獄のような時をいい、大変な苦労、酷い苦しみをするようになります。このような時は自分の明智や才能を悟られないようにし、決して目立つことなく過ごさなければなりません。一にも二にも忍耐と我慢です。黙して語らず時が来るまで辛抱することでやっと身の安全が保たれる時なのです。

【愚か者を装い、難を避ける】

周の文王は暴君の紂《ちゅう》に従順な態度で仕えながらも、羑里《ゆうり》に囚《とら》えられるという酷い苦しみを受けましたが、ひたすら明智を隠してその身を全うしました。箕子《きし》はその紂の身内でしたが、狂人のふりをして知恵を隠して命と志を守りました。地火明夷の時というのはまさしくそのことで、身の処し方一つ間違えると大難を蒙《こうむ》る厳しさです。世間や相手に対して愚か者を装い、馬鹿にされて呆れ果てられる態度がよいのです。ちょっとの油断もできません。二重苦、三重苦の中にあって辛抱し尽くす覚悟がいる地獄の時なのです。

【どうしようもない苦しみの最中】

人生の中であってほしくない時代、それは地火明夷の時かもしれません。しかし人間が生きている間には良いことばかりがあるわけではありません。病気や失業、盗難や火難、詐欺や事故を含め、どうしようもない苦しみのまっただ中に落とされてしまうことがあるものです（もちろん個人差はありますが）。何とかしようとしても方法が見つかりませんし、そこから逃げ出すこともできません。そのような時は急がずに、堪えて堪えて、時の流れが変わるのを待つしかありません。必ずやどこかで脱出できるチャンスが来るからです。辛抱こそが救いとなります。

初爻

暗黒、傷つくことの始めです。理想を掲げて語るにしても信じてくれる人は誰もおらず、相手にもされません。現実の壁は厚く、大変な苦労をします。失業、リストラ、健康問題、詐欺に遭うなども考えられ、運の流れは下降する一方です。食べることも困難になるかもしれません。行動することはまったくうまくいきません。手を引き、我慢の時となります。

二爻

傷つくことや問題が起きてしまいます。しかしそれは致命的なことではありません。まだツキが残っていますので、グズグズ考えることなく今すぐ手を打っていきましょう。そうすれば問題と思ったこともうまく解決ができ、道を開いていくことができるでしょう。それを、「このくらいはまあいいか」と先延ばしにすると厄介なことになっていきます。

三爻

明夷の難しい時にありますが、ずっと辛抱してきた身の処し方が良かったために、ここから脱出できそうな光が見えてきました。すぐにでもできそうに思いますが、そう簡単にはいきません。ゆっくりと時間をかけて人に知られないよう、水面下で計画を練ってください。焦らずにジリジリと前に行く、そういうやり方ができれば良い方向に行けるでしょう。

四爻

危険な所または、苦手とするものの中に入ってしまいました。逆らうことはできませんし、無視したり逃げ出したりすることは最悪のこととなるでしょう。このような時は、嫌悪感があってもその中に入り込んで言いなりになり、相手の諸事情をつかんでしまうのが得策です。自分の好みやこだわりを捨てて、角が立たないようなやり方が大切となります。

五爻

進退両難の時です。環境や相手が悪すぎてまったく身動きが取れません。目立たず、憎まれないよう、ひっそりと息を潜めていましょう。存在感がないくらいがちょうどよいくらいです。相手が呆れ果てて、見捨ててくれるまでのらりくらりと辛抱するのです。逃げ出すことは事を難しくさせるので、目くらましをして上手に過ごす賢明さが必要な時です。

上爻

傷つくことの終わりです。何も知らず何の能力もないのに、自分はできる人間と勘違いをしています。勝手なことばかりをして周りに多大な迷惑をかけていることさえも気づきません。ですから始めは有頂天で楽しいのですが、それも永くは続かず、後に居場所を失うようになるでしょう。天国から地獄へ突き落とされ、命の保証もありません。

37 風《ふう》火《か》家《か》人《じん》

䷤

家《か》人《じん》は、女《じょ》の貞《ただ》しきに利《り》あり。

【家内安全】

風火家人は、家族の意味です。それを卦の象では、内卦の二爻に陰があって家の内にある女とし、外卦の五爻に陽があって外で働く男とし、各々がその分際を守っていることから家庭を表象しています。家庭というものは、そこを守る女がごく当たり前のことを普通にやり、しっかりしたルールや礼儀、感謝があればうまくいくものです。また、父は父らしく、子は子らしく、兄は兄らしく、弟は弟らしくあれば、それぞれの領域に入り込んで口を出すこともなく安泰になります。風火家人はすべて家庭内の小さな範囲内のことについていいます。

【傍目では平穏だが中では揉めている】

風火家人はその象を見ると、三爻を中心にして坎（陰・陽・陰☵）の象があります。これを乾（陽・陽・陽☰）をもって坎を包む「包卦《ほうか》」といいます。外目には平穏で何事もないように思いますが、いったん中に入ると坎の問題が根強くあることを意味します。どの家庭でも順調そうに見えて実は……というようなことがあるでしょう。案外、揉め事があるものです。また、お家芸とでもいうのか、会社なら社風に当たるものが色濃くあり、他人が関わりを持とうとすると、そこに馴染むまでに大変な苦労をします。風火家人はこのような癖もあると考えてください。

【人と人とのルールを守る】

現代は女性が外で働くことが普通になり、核家族が増え、家庭や家族の在り方も多様になっています。そのような時代に卦辞の「女の貞しき」をどう考えていくか難しいところです。女性らしさの「らしさ」は何をいうのかも答えようがないでしょう。しかし一ついえることは、家庭が人間が最初に出会う場所と考えると、ルールや約束は必要ですし、守っていかなければなりません。互いを思いやる、挨拶をする、心配や迷惑をかけないことは、この卦を判断する上で大切な要素です。家庭が失われつつある現代ですが、個々の心に通じるものがあるはずです。

初爻

家庭の始めです。家族になったばかり、会社の一員となったばかりの状態です。そのため、今後トラブルが起きないよう、うまくやっていけるよう、最初にしっかりと躾《しつけ》をします。悪い癖を身につけないためにも、早めに手を打たなければなりません。物事はスタートで決まってしまうので、今が一番肝心な時といえます。初志貫徹するように。

二爻

家庭でいえば主婦の立場に当たります。何事にも柔順で余計なことをいったりしません。やるべきことを普通にやり、内向きに過ごします。外へ出る意味はないので、当然発展していくことは考えられません。今の居場所で現状維持するだけとなりますから、活躍できる機会も少ないといえるでしょう。平凡でやりがいを感じないかもしれません。

三爻

甘い顔をするより厳しすぎるくらいがよいことをいいます。というのは、どこかにのんびりとした緩さや怠け心があるはずで、それに対して規律がないと野放図になってしまうからです。また、家庭内においては、夫もしくは親が口うるさい場合があって締めつけがあるかもしれません。何らかのギャップが生じトラブルが起きるかもしれません。

四爻

家庭の中に大きな喜び事があります。妊娠・出産、昇進、収入に恵まれるなど、心配事のない時で、安定した生活を営んでいくことができるでしょう。家庭に波風がなく、仲良く暮らしていけるのは、家族が健康に恵まれ、それぞれが自分の役目をきちんと果たしているからです。そのような時は社会に出ても気力にあふれ、満ち足りているので、幸せであるといえます。

五爻

平凡ではありますが、家族や知人と和気あいあいに楽しい時を過ごすことができます。ずっと考えていたことや狙っていたものは、満点とまではいかないにしても、ほどほどの感じでやり遂げることができます。家人の時ですから、当然家族への関心が強くなり、一緒に過ごす場面をできるだけ持つようにします。また、家の改修や補修などをすることもあります。

上爻

家庭の終わりです。今の立場や状態、環境を守っていくためには威厳が必要です。甘い顔をしていたり、だらしなくけじめのないやり方をしていると、いずれはそのことが自分の身に帰ってくることになるでしょう。日々、自分自身の生き様、行いを正しくし、反省していかなければなりません。家族に対してどうあったか、自問してみてください。

38 火《か》沢《たく》睽《けい》

睽《けい》は、小事《しょうじ》には吉《きち》なり。

【大きなことではなく、小さなことで成功】

火沢睽は、「背く」という意味です。それを卦の象では、外卦の離（陽・陰・陽☲）は火、内卦の兌（陰・陽・陽☱）は水で、火と水とでは相剋し、和合することがなく、背くことになります。また、離は中女、兌は少女を意味し、二人の女、姉妹が同居をすると意見の相違などが起こり、必ず反目してしまうことからも表象しています。このようにちょっとした食い違いがあるので、火沢睽は大きなことをするには不向きですが、離の明智と兌の喜びの意を併せ持つために、うまくやれることもあります。それを卦辞で「小事には吉」といって、小さいことをするには失敗がないといいます。

【裏工作が功を奏する】

火沢睽は外卦の離の火は上へ、内卦の兌の水は下へ向かうように、その性質は正反対です。それと同じように、離と兌の姉妹が同居していてもその将来は別のものになります。表面では背くように見える間柄ですが、姉妹は姉妹なので、こっそり裏側で通じ合う思いがあります。ここから火沢睽は裏工作が良い結果をもたらします。姉妹ですから同じ目的を持って和してはいても、生き方は違ってくるので、やり方は別のものになります。このように微妙な動きが含まれているので、事に当たる時は短気を起こしたり、即決したりせず、様子を見てください。

【「何」と背いているのかを考える】

火沢睽は、何と背くことになるのかを考えなければなりません。人間関係なら争いや疑惑を持たれる、健康においては不調を感じ、受診すると医師の診断がぴったりしないなど、何かがずれていて心に不快感を覚えます。仕事なら拡張路線はやめるべきですし、内部の不調和があったりするので、そこに目を向けなければなりません。恋愛・結婚は縁としては悪くないものの、どこかに気まずいものがあり、進展していきません。うまくいきそうですが「小事には吉」です。「二女同居」です。裏側での動き、根回しなど効果のあるやり方を考えましょう。

初爻

背くことの始めです。一つのチャンスを逃してしまいました。しかし様子を見ていると、再度トライする機会があるので、焦らずやるべきことをやっていきましょう。嫌だと思うことや苦手と感じる人にも会っておかなければなりません。今そうしておくことが、今後行動することについて失敗しないで済むことにつながります。

二爻

何から何まで全部自分一人でやらなければなりません。自分の目で、手と足を使ってでしか、目的のものを手にすることはできず、中途半端なやり方をすることが一番良くありません。人をあてにすることは反感を買うことになるでしょう。目的やチャンスがないのなら、一生懸命模索して自分の力で探し出すのです。今がんばらないでいつやるのですか?

三爻

ちょっとした手違いが起きて予想外のトラブルになります。誤解を受けて疑われたりと痛い目に遭い、つまらない思いをします。しかし、いずれその誤解も解けるので、最後には思い通りになるでしょう。物事がパッと動かず損をするような気持ちになりますが、実害はありません。まずはそうならないようにあらかじめしっかりとした手順をつけておきましょう。

四爻

周囲と背き、心が通じ合うこともなく孤独感にさいなまれます。しかし今は火沢睽の時ですから、一人を楽しむのもよいものです。逆にそうしていると後に本当の味方となって支え合える人に出会うことができるでしょう。初めは辛いことがありますが、時間が解決してくれます。仮に失恋したとしても次の恋は目の前にあります。恐れることはありません。

五爻

良い立場にありながら能力が不足しているために、今後を考えると不安な気持ちになります。しかし身近に協力してくれる存在があるので、その応援を受けて初めはうまくいかないことでも、結果オーライとなるでしょう。大事なことは諦めないことです。火沢睽の中では一番安定しています。積極的に動いてみましょう。心配することはありません。

上爻

猜疑心の塊になっています。周りのすべてが悪く汚いものに見えてしまうのです。それは自分が作り出した被害妄想でしかないのですが、いくら周りがそういっても聞き入れてくれないでしょう。素直に物事を見る目、心があるとよいのですが、なかなか難しいようです。これではいつまでも背いたままで人と和していくことは無理でしょう。

39

水山蹇《すいざんけん》

蹇《けん》は、西南《せいなん》に利《り》あり、
東北《とうほく》に利《り》あらず。
大人《たいじん》を見《み》るに利《り》あり、
貞《ただ》しくして吉《きち》。

【無理をせずに見送るべき】

水山蹇は足なえ、進むことができない意味です。それを卦の象では、外卦に坎（陰・陽・陰☵）の険阻があるので、内卦の艮（陽・陰・陰☶）で止まることを表象しています。このような時には卦辞で「西南に利あり」といって無理をしないように見送ることがよいといいます。そして「東北に利あらず」というのは、難しいことはやめて、「大人」に当たる知恵のある人に相談して心の中にあることを決めていき、自分だけの考えで行動するのはやめましょうということです。水山蹇は足なえですから動くことができません。無理をすると失敗することになるでしょう。

【自分に足りないものを見つめる】

「足なえ」というのは、わかりにくいかもしれませんが、足の具合が悪いと考えれば理解できるでしょう。両足を地面につけてきちんと歩くことができない、つまり自分自身に何か不都合や未経験などがあるために、進むための条件が整っていないということです。だったら何が必要なのかを知り、それらを用意していかなければなりません。受験で合格したいなら学力が弱いということですから勉強に励むか、レベルを下げることを考えてみる。身体が弱くて日常生活に支障があるなら、体力をつけることです。それなしに動こうとするから水山蹇を得るようになるのです。

【結果を得るには時間がかかる】

水山蹇、沢水困、水雷屯、坎為水は、進むことに困難がつきまとい難しいことをいいますが、これらの卦にはすべて坎（陰・陽・陰☵）が含まれているため、時間がかかる、すぐに動けない、今すぐ動くと問題があることを意味しています。早い結果が出ないと「なあんだ」とガッカリするものですが、事の始めから完結するまでの時間は、占う事柄によって数年単位になるものもあります。時間をかけられないと思うなら中止するのがよいでしょう。自分は何歳なのか、人生の持ち時間を計ることは易をたてる上で大切なことです。それを忘れてはせっかくたてた易も、ただのおみくじと化してしまうでしょう。

初爻

足なえの始めです。自分の足の状態が最も弱いことをいうので、やりたいことがあっても進むことができません。身内などの諸事情によることが多く、今はじっとしているしかなく、半年くらいそのように時を待っていると、いずれ動けるような状態になってきます。焦らず急がず現状維持に努めることによって水山蹇を越えていくことができます。

二爻

自分自身が大変な状態にあるにもかかわらず、身内や相手のために一生懸命尽くしますす。情にほだされてしまうのでしょう。仕方がないという思いが出て面倒を見るようになります。自分のことよりも相手を優先させる在り方は自己犠牲的傾向になるので、抱えきれないと思うならハッキリ断ることがよいでしょう。しかし、それができないものなのです。

三爻

進みたい、やりたい気持ちが出てきます。しかし今は水山蹇です。そう甘くはなく、簡単にはいきません。考えていたことは、結局は手をつけることができず、何もしないままに時間だけが過ぎていくことになるでしょう。成り行きを時に預けて様子を見ているくらいがよい過ごし方となります。無理な時に我慢できるかできないかで結果が大きく違ってきます。

四爻

水山蹇の時も半ばを過ぎてきました。何とか進めそうな状態になってきましたが、それでもまだ十分に条件が整ってはおらず、待つしかありません。目標はそのままにして、協力者の出現などの良いタイミングが来るまでじっとしていましょう。きっかけがつかめればその後はゆっくりと進んでいくことで案外、希望は叶ってくるものです。

五爻

ずいぶんと悩み苦しみ模索してきましたが、ここでようやく進んでいくことができるでしょう。辛い中、現状を守ってきた成果で、良き助けが入ってくるのです。時間をかけてきたことに見通しが立ってくるでしょう。どんなことにも辛抱できる人ならば、この卦爻を得て挑戦してみてもよいかもしれません。とにかく時間と我慢が妙薬となります。

上爻

足なえの終わりです。その状態が良くなっても自由に進める卦というとそうではありません。不自由さや大変さに慣れてしまい、その中で何とかやっていくという状態です。自分の力だけでやるには力不足ですから、わざわざやる必要があるのかを考えなければなりません。周囲と相談しながら手助けを受けて、ということになるでしょう。

40 雷水解《らいすいかい》

䷧

解《かい》は、西南《せいなん》に利《り》あり。
往《ゆ》くところなければ、
其《そ》れ来《きた》り復《かえ》って吉《きち》なり。
往《ゆ》くところあれば、
夙《はや》くして吉《きち》なり。

【何事にもスピーディーに対処】

雷水解は解く、解消の意味です。それを卦の象では、内卦に坎（陰・陽・陰☵）の問題や悩みがあって、それに対して外卦の震（陰・陰・陽☳）の動くことで解消していくことを表象しています。積極的に自分から動いていかなければなりません。卦辞に「西南に利あり」とあって、誰でもできる最も簡単な方法で、しかも「夙《はや》く」といって、今すぐにスピーディーにといいます。早ければ早いほど楽にでき、手がかかりません。先延ばしすれば厄介になるだけでつまらない思いをします。そして物事が解決した後は、あれこれと振り返ったりせずに穏やかに過ごすことが大切です。

【すべてが解消される】

雷水解は「解く」ことをいいますので、占ったことが良いことや希望するもの、または悪いこともすべて解消されてしまいます。契約などの約束事は反故になりますし、人間関係の縁切りも可能となります。また、解決していかなければならないことがあるから雷水解を得るのであって、それに対して早く手を打てと易が尻を叩いている意味があります。まずは自分から働きかけることが第一です。そして複雑なことから手をつけるのではなく、楽にできることを先に始めてみるのがよいでしょう。思い切ることです。

【今やらなければ後悔することに】

雷水解は、震の陽卦と坎の陽卦の、男と男の協力のもとで事に当たるので、この卦を得て行動するとその効用も大きなものになります。このチャンスを利用しない手はなく、逆に今やっておかなければ後悔することになるでしょう。病気に対してはすでに気になっていることがあるので、早めの受診が事なきを得ます。恋愛や結婚は解消となるので、まとまることは難しいでしょう。その原因として結婚詐欺のような疑いもあるので、相手の言動には注意し、真意を問うてみなければなりません。いずれにしても早い行動が求められますし、結果も早く出てきます。

初爻

特別難しいことのない時です。何か問題があるならばすぐに行動することで、悩み苦しむこともなく、あっという間に解決してしまいます。やるべきことに早くから着手していると気持ちよく事が運んでいくので、穏やかに過ごしていくことができるでしょう。思い煩うものがないというのは、こんなにも身軽なものなのかと実感することができます。

二爻

気になっていることに対して自分の意思で動く時であり、早めに行動していくと三つの良きことがあるでしょう。このチャンスを大いに利用して次の足がかりを築いていくことができます。弱気になることはありません。そしてすべてをやり遂げたなら、それ以上深入りし、欲を持つことは慎まなければなりません。今は手を打つことが先決です。

三爻

世間の常識では理解できない感覚で、ちぐはぐなことをしてしまう始末の悪いものがあります。自分だけがいい気になって分不相応なことに気づいていません。みっともないことになり、陰口をいわれるようになるでしょう。哀れとしかいいようがありません。考えていることはやめること、抱えている荷物は下ろしてしまうことをおすすめします。

四爻

長年にわたり続いていた腐れ縁を、思い切り断ち切ります。身辺整理の時です。ここでそれをしておくことは、別の方向や良き仲間と出会えることになるので、後に良い結果となるでしょう。早くやるに越したことはなく、たとえどんなに時間がかかったとしてもやるべきです。わかっていてやらないでいるのは、自分で自分の首を絞めることになります。

五爻

解くチャンスが目の前にありながら、気になることに対してずるずると先延ばしをし、放っておいてしまいます。面倒臭いのか、自分に言い訳ばかりをして手をつけません。考えているだけでは何も変わらず、不満を持ち続けることになるでしょう。自分で動くしかなく、言うべきことを言い、やるべきことはやってしまいましょう。誰も手伝ってはくれません。

上爻

解く、解消の終わりです。もはや我慢も猶予もありません。一刀両断、問答無用とばかりにズバッと問題に対して手段を用います。そこまで思い切った行動を取らなければ、問題が複雑になってしまっています。解決できないことをいいます。時には犠牲を払ってでも取り組まなければならないでしょう。それは今日まで放っておいた自分のせいだからです。

41

山沢損《さんたくそん》

䷨

損《そん》は、孚《まこと》あれば、元吉《げんきつ》にして、
咎《とが》なし。
貞《てい》にすべくして、
往《ゆ》くところあるに利《り》あり。
曷《なに》をかこれ用《もち》いん。
二簋《にき》用《もっ》て享《まつ》るべし。

【自分に余裕があるので投資ができる】

山沢損は損ずる、投資の意味です。それを卦の象では、内卦の兌（陰・陽・陽☱）の沢が自分の土を損《へら》して外卦の艮（陽・陰・陰☶）の山が高くなるようにその土を益《ま》してやることを表象しています。つまり山沢損は、自分に余裕があるので持っているものを相手に与える、投資する、そうなると当然のように、自分の持ち分は損《へら》すことをいいます。たとえば学校に通う、それは身につけたいものがあるからで、それに伴い諸経費はかかり、お金は損りますが、自分にとっては有益なことなので投資と考えます。買い物をすることなどはその典型といえるでしょう。投資の範囲は生活のすべてに当てはまります。

【長い目と目的意識が重要】

投資というものは、目的を絞らなければなりません。目的のない投資はただの浪費になり、損をするだけで終わってしまいます。そして時機、タイミングを考えることは大切なことです。また、行った投資は投機ではないので、自分に有益となって返って来るまでには時間がかかります。ですから目先を追うような短時間で済ませることを望む場合は、まったく向いていません。同時にどの程度やるのか、その範囲を決めておく必要もあります。途中で息切れしない無理のないことがよいとされますし、大きな見返りは期待しないほうがよいでしょう。

【適切な投資が人生を豊かにする】

人生はある意味、投資の連続でしょう。何を選択し、持続していくかによって、将来手にするものが違ってきます。何もお金に関することだけではありません。健康なら身体に対する投資ですから、検査・治療・食事などをいいますし、結婚も伴侶選びから始まって築こうとする家庭、子供に与える教育や環境も入ります。遊びも良き投資なら有意義なものになり、精神をリフレッシュさせる大切なものでしょう。このように選択とタイミング、自分の力量と計画、何より余裕があってのものになります。無駄なことに時間やお金を費やすくらい損することはないのです。

初爻

損ずる、投資の始めです。頼まれ事をされて自分の力を貸してあげることは悪いことではありませんが、自分の持てるもののすべてを捧げることはできません。自分には自分の生活があるのですから無理があります。初めに「ここまで」と限度を決めて、その中でやるしかありません。ここで背伸びをすると、今度は自分が人に迷惑をかけることになります。

二爻

自分の持っているものを損して相手に与える時ですが、うっかりその行為をすることはできません。自分が投資しようとするものは本当に自分にとって良いものなのかと考えると、中止や土下座してでも拒絶するほうが無事といえるでしょう。よく確かめもせず動くことは、損に損を重ね、痛い思いをするだけになります。すべて見送ることがよいのです。

三爻

悪い流れではありません。投資ができる余裕はあるのですが、目的が決まっておらず、考えもバラバラです。目的を絞らずに投資することぐらい危険なことはありません。甘い考えやあれもこれもと迷っていては成功することはなく、失敗することになるでしょう。手を広げることは論外ですから、まずは一つに決めることから一歩が始まります。

四爻

今まで投資してきたものに良さはありません。早く整理して手を打ちましょう。損切りになっても後で考えるとよかったと思えるでしょう。また、気になることに対しても同様ですから、解決できるような投資に内容を変えていくことも必要です。健康を害することがありますが、初期治療で良い結果を得ることができるでしょう。時間との勝負です。

五爻

思いがけないツキがあります。目的、範囲、タイミングがピッタリ揃っていてよい投資をすることができます。やり方もいろいろあってすべてが効果的にうまくいくでしょう。また、やる気も出てくる時なので、良い話なら思い切って乗ってみるのも面白いものです。時が味方し、背中を押してくれることなど少ないことですから、この時を大切にしてください。

上爻

損ずる、投資の終わりです。もはや何かをやろうとすることは無駄ですし、その必要もありません。何もしないことが一番失敗しないで済むことになるでしょう。また、今まで続けてきたことならば、拡張を考えるのではなく、集大成、まとめていく方向がよいでしょう。病人への投与や健康食品などの効果はまったくありませんので、期待しないようにしましょう。

42

風雷益《ふうらいえき》

益《えき》は、
往《ゆ》くところあるに利《り》あり。
大川《たいせん》を渉《わた》るに利《り》あり。

【互いに共鳴・協力して勢いを増す】

風雷益は、プラスの意味です。前の卦の山沢損は自分の持っているものを損して相手に与えましたが、この卦は相手が損して自分に与えてくれることをいいます。それを卦の象では、内卦の震（陰・陰・陽☳）の雷が鳴り響くと外卦の巽（陽・陽・陰☴）の風が吹き荒れ、風が吹くと雷が鳴るという互いに共鳴、協力し合うことでその勢いを益すことをいい、良い動きには素直に従うことを表象しています。卦辞には「往くところあるに利あり」とあって、自分が利益を受けることに対しては積極的に動け、時には貪欲になることもよいと発破《はっぱ》をかけています。

【使えるものは何でも使う】

風雷益は、自分が有益になる良い流れにあることをいいます。そしてもっと良くなるためには、利用できるものは何でも利用していくと、より効果が大きく、役立つものが身近にあることを示唆《しさ》しています。プラスになるものはどんどん吸収し、時には人真似でもよいので取り入れていきます。反対に駄目なものや自分にマイナスとなるものは容赦なく切り捨てていきますし、自分自身に悪さがあれば速やかに改めていきます。こういった在り方がいっそう自分に益を呼ぶのでしょう。変わっていくことに恐れや戸惑いを抱く人には決して得られない卦爻です。

【多少の無理もきく好調さ】

風雷益の時というのは、利益があるので実に好調です。思い通りに事が運んでいくので、どのような目標を持って行動していくかがポイントになります。多少の無理もきいてしまうくらいの好調さですから、その良さを大切にしながらやるべきことをしっかりやっていきましょう。仕事、恋愛・結婚、金銭も心配ありませんし、健康もやや太るくらいのものでしょう。人生の晴れの時ですから、大いに活躍し、希望することを一つひとつ着実に実現することができる恵まれた時となるでしょう。強気でいられるというのは、六十四ある易の中で数少ない一つです。

初爻

利益を受けることの始めです。風雷益の中で最も利がある時といえます。そのため自分が確実にできることをやれば、やっただけの結果は得られるでしょう。ただし強気になりすぎる傾向が出てくるので、調子に乗りすぎることは慎んだほうがよいでしょう。できることとできないことの分別は、どんなに好調であっても持っていなければならないものです。

二爻

今後に良好な流れが来るのですが、そうなるまでにてんやわんやの苦労があります。がんばった見返りはあるので、今は粘って事に当たるのがよいでしょう。もがくことで自分の立ち位置を築いていくのです。ですから、やり抜く覚悟をお持ちなら、挑戦してみてもよいものです。努力の後に手にする喜びは大きく、きっと満足できるものとなるでしょう。

三爻

自分が本当に困ってしまい、万事が尽きたようになってしまった時には、何かに助けを求めることはよいことです。ただし、その助けを得るには約束を交わす必要があり、担保のようなものを用意しなければなりません。ここで交わした約束は必ず守ることが条件です。嘘や信頼を裏切るようなことがあると、二度と助けを得ることはできません。

四爻

旅行や転勤、異動や移転が起こりそうです。何らかの動くことや変化があるので、そのような時は周囲との関係を大切にしていかなければなりません。挨拶や根回しなどをして相談に乗ってもらえるかたちを作っておくのです。頭を下げてよく頼んでおくと、何かの時にきっと役に立つことになるでしょう。特別悪いことはなく、順調で平穏な時となります。

五爻

すべてに余裕のある時です。人に頼られて面倒を見たり、時には振り回されて尻ぬぐいをさせられたりもしますが、それは自分の陰徳となり、いうまでもなく良い人生の時を刻むことができるでしょう。一方でその余裕もなく何もしないで過ごしてきた人は、人に面倒を見られることになり、それが何を意味するのかは個々考えてみてください。

上爻

利益を受けることの終わりです。自分のことしか頭にない身勝手さで、欲の皮が突っ張りすぎています。やってはいけないことをやってしまい、その結果は凶、災いを招くこととなるでしょう。世の中、自分に都合の良いことばかりではありません。偏った考え方を続けていれば、哀れな結末を迎えることになります。すべては自業自得といえるでしょう。

43 沢天夬《たくてんかい》

䷪

夬《かい》は、王庭《おうてい》に揚《あ》ぐ。孚《まこと》あって号《さけ》ぶ、厲《あやう》きことあり。告《つ》ぐること邑《ゆう》よりす。戎《じゅう》に即《つ》くに利《り》あらず。往《ゆ》くところあるに利《り》あり。

【決断の時】

沢天夬は、決する、決断の意味です。それを卦の象では、五つの陽が一番上にある唯一の陰に対して力で押し切ろうとすることを表象しています。沢天夬は今まで順調にやってきましたが、これから先は難しくなるので、ここでは方向転換を考えなければならない時が来たことを告げています。また、先延ばししていたことも、これ以上放置することはできず、答えを出す、決まりをつけることをいいます。もう呑気《のんき》に構えていることはできません。好調さに流されて何もしないできた結果がこの卦を得るのです。決断の時です。時間はありません。

【公明正大で攻める】

問題のある一陰に対してどうやって決まりをつけるのか、卦辞では「王庭に揚ぐ」といって、密室にやるのではなく、公的に人前ではっきりと真実を表に出していかなければなりません。それでも甘く考えていると、事がひっくり返される危険があるので、多くの人を味方につけて身辺を堅め、応援してもらえるようにします。そして勢力だけに頼るのではなく、強硬手段も用いません。綿密な計画を立て準備し、じわじわと攻めていき、相手が心底から納得するまで粘り強くあるほうがよいのです。金銭で片づけようとするのは恨みを買い、失敗するでしょう。

【これが最後のチャンス】

六十四ある卦の中に「消長卦」と呼ばれるものがあります。沢天夬もその一つで、スタートは坤為地になり、何もしないところに目標ができた時が地雷復、それに夢中になるのが地沢臨、その結果、手にした安泰が地天泰、流れに流されていく雷天大壮、というように陽が一つずつ増えてきていることをいいます。沢天夬もこの流れの中にあって、もはや先がないことが理解できるでしょう。今、自分がどんな位置にいるのかがわかると、この決断が最後のチャンスであることが身に染みるでしょう。手抜きのない行動が唯一の救いです。本当は遅すぎるくらいなのです。

初爻

決する時の始めです。ただただやりたい、ただただ相手が憎いだけの気持ちが先走っています。夢中になっており、考えることは一つで、身の丈以上のことをやろうとしています。しかし元来、力がないのでそれは勝ち目のない戦争をすることと同じで、失敗するようになるでしょう。周囲の状況を把握し、計画を立てていかなければなりません。

二爻

いつ何が起きてもよいように警戒し、準備をしておきます。すべての手配は人任せではなく、自分でしなければなりませんが、そうすることによって心配の種が消えていきます。どのようなことにも対応できる強みは、普段の在り方がよいからでしょう。備えあれば憂いなし、とはこのことです。一日のうちでなら、夕方からの急な出来事に神経を使いましょう。

三爻

起きてくる出来事に対し、血相を変えて露骨に顔に出してしまうようでは、周囲に警戒心を抱かせてしまうのでうまくいきません。つかず離れずといった曖昧な態度でいることがよく、内情を知られないようにしましょう。じっと息を潜め、狙いを定めておいて、事が決まった最後に一気にズバッと切り込むやり方が成功します。それまでは知らん顔をしていてください。

四爻

あれもしなきゃ、これはどうだろうと自分でさまざまなことを不安に感じてしまいます。どうしたらよいのかわからないなら、人に相談するのがよいのですが、それができないでしょうし、何も信じられないくらい、心が不安定な状態です。今は無駄な動きをしやすいので、できることならじっとしていてください。急ぐことはないのですから。

五爻

切るべきものは切る、やるべきことはやる、強硬手段を用いる時です。筋を通せず、情に負けてしまうようなことがあると、またズルズルと後戻りしてしまい、良くなるものも良くなりません。ここまで放っておいたことが問題なのです。これはラストチャンスです。すべて捨て去りましょう。勇気を持って決着をつけるのです。「やれ！」です。

上爻

今までズルズルと問題を先延ばしにしてきた結果、手の打ちようがありません。今さら愚痴をいったところで救われるはずもなく、最悪のこととなるでしょう。遅すぎる感はありますが、方針を転換するしかありません。自分の立場をよく見極め、これ以上嫌われたり憎まれたりしないよう反省し、努めることが精一杯かもしれません。年貢の納め時です。

44
天風姤《てんぷうこう》

姤《こう》は、女壮《じょさか》んなり。
用《もっ》て女《じょ》を取《めと》るなかれ。

【偶然の出会い】

天風姤は遇《あ》う、偶然に遇うの意味です。それを卦の象では、五つの陽の下に一つの陰が生まれてくることで表象しています。この陰はたった一つで目立たないもののように感じますが、甘くみているとたちまち五つの陽を浸食し、その勢いを増大させていきます。あっと気づいた時にはもうどうにもならない状態になりますので、この陰に対してきちんとした対処をすることが必要となります。卦辞では「女壮ん」とあり、これを「陰壮ん」と読めばわかりやすいでしょう。陰は女、そして内卦の巽（陽・陽・陰☴）は絡みつくようなしつこさがあるので要注意です。

【望んでいなことが起きてしまう】

前述した消長卦の考え方で天風姤を見ると、どうして一陰が生まれたのかが理解できます。乾為天の完全な満月の状態と比べると、一番下の足元にある陰は満月が欠けた象になります。いつまでも同じ状態が続くはずはなく、望んでいないのに起きてきてしまうのです。この陰が何に当たるのか、その正体をつかまえなければなりません。良い時の終わりを知らせているのであって、幸運との出会いとは考えません。見逃しやすいこと、「え、あれが?」というもの、自分の身の回りの総点検をする必要があります。手遅れになってからでは為す術がありません。

【「女性」に絡む問題】

姤卦は一陰の存在が将来に大きな問題となる火種であることをいいます。そして「陰」ですから、女性の存在が妙に絡んでいるので警戒しなければなりません。女難の暗示です。恋愛・結婚は女性が強すぎて周りを振り回してくるため、穏やかさが保てませんし、縁としても良くないのでおすすめできません。健康もどこかに不調の兆しが出てきますし、女性なら生理に関することや更年期の初めであることがあります。仕事でも女性がうるさく口出しをしてくることがあり、何とも厄介なこととなるでしょう。おとなしく見えて、実は……怖いものです。

初爻

一陰に遇うことの始めです。穏やかな流れの中にトラブルの種が芽生えたのです。これを許しておくと後で手に負えないものに変わってくるのです。同情や手加減は一切無用です。今のうちにしっかりとコントロールできるように縛りを見つけてください。中途半端にしてしまうと、今は静かでも別の機会に牙をむいてきます。念には念を入れることです。

二爻

ちょっと自慢したい良いものが手に入ります。それは自分だけの秘密の楽しみにしているうちは問題がないのですが、少しでも人前に出して話題にすると、もう収拾がつかなくなってしまいます。パンドラの箱を開けるようなものでしょう。他のことでも自分だけの枠内でやれることだけにして、余計なことに手を出さないようにしましょう。深入りは禁物です。

三爻

自分に都合良く考えてしまい、期待してしまいますが、空振りです。勝手な思い込みから心が不安定になり、イライラが募ります。しかし、どうあがいても望むものは手に入りません。逆に手に入らなかったことが幸運になり、トラブルを抱えることもないのです。自分の望みが叶うことが幸運につながるとは限りません。さっさと忘れましょう。

四爻

あてにしていたことがありません。あるはずのものがないのです。それは自分が普段から交流や手入れをしていなかった怠け心のせいです。もはや追い求めることはやめにして、現状維持に努めましょう。思い通りにならない時は自分のことだけに集中するのです。それを手に入れなくても何の支障もないはずです。「くれてやる」くらいの気持ちでいましょう。

五爻

思いがけない良き出遇いがあります。しかし、それはとてもデリケートで壊れやすいものです。神経を使って大切に扱わなければなりません。やり方がよいと大きなチャンスとなって飛躍となる成果を生むでしょう。ぞんざいに扱うとせっかくのチャンスをつぶしてしまうでしょう。このような時は、苦手なことも毛嫌いせずにやってみるのもよいものです。

上爻

遇うことの終わりです。自分から何も動こうとせず孤立していきます。自分のペース、価値観だけでこだわりを捨てることができません。しかしそれも一人の人間の生き方ですから咎めることはできません。引きこもりたい心情は理解できますが、それではあまりにも淋しすぎる人生といえるでしょう。頑なすぎるのはいかがなものでしょうか。

45

沢《たく》地《ち》萃《すい》

萃《すい》は、王有廟《おうゆうびょう》に仮《いた》る。
大人《たいじん》を見《み》るに利《り》あり。
亨《とお》る。
貞《ただ》しきに利《り》あり。
大牲《たいせい》を用《もち》うるに吉《きち》。
往《ゆ》くところあるに利《り》あり。

【人や物が「集まる」】

沢地萃は、「集まる」の意味です。それを卦の象では、内卦の坤（陰・陰・陰☷）に従う、外卦の兌（陰・陽・陽☱）に喜ぶ、喜んで従うことと、兌の水が坤の地面の上に集まって水溜まりになることを表象しています。卦辞は「王有廟に仮る」とあって、王が先祖の魂が集まる所へ行って祈りを捧げることで先祖の霊と一つになります。そのようにすると人は集まり、集まりにはそれを統率していく人が必要となることをいいます。ただし、不正な集まりは、たちまち消失してしまうものです。また、人や物が集まる時にはそれなりの大きな犠牲を払うことが必要となります。

【予想外のトラブル発生への備え】

人や物、さまざまなことが集まってくる時というのは、予想していない災いも起きてくるものです。そのために沢地萃は、常に日頃から身を守るためのものを用意しておかなければなりません。つまり、セキュリティを取り入れる必要があります。金銭や健康、人間関係においては特に注意が必要となるでしょう。一見、好況で喜び事や楽しいこともありますが、それに伴い、交際費などの出費がかさむようになります。また、まとまりがつかない時は、王のように墓参りをして先祖供養をし、バラバラになった心を一つにすることも有意義な行為です。

【情報や思想なども「集まる」】

バブル期の時代なら卦辞の「大牲」は経費を惜しまずケチケチせず、盛大にやることをいいましたが、今のこの不景気の時にはどう考えればよいでしょうか。「集まる」＝イベント開催の様子を見てもわかるように、経費節減、予算が縮小され、限度内で収めています。このことが「大牲」をいうように思われてなりません。時代と共に歩む易であることを忘れないように読んでください。また、物質だけでなく、さまざまな情報、思想も「集まる」ものですから、これらをどうとらえていくか、インターネットの活用とその防衛も考えていかなければならない課題です。

初爻

集まることの始めです。集まりたい、一緒にやりたいと思いますが、遠慮があって言葉にできません。無言でいては、気持ちは収まらず、感情で揺れ動きます。このままモヤモヤしていても仕方がありません。思い切ってハッキリ意思を口に出すと、意外にすんなり事が運ぶものです。いろいろ心配せず、言いにくいことも声に出してみましょう。

二爻

やりたいことがあってもきっかけがなく、何もできません。相手のほうからの誘いがあると何とか腰を上げるのですが、それでも途中で気持ちが変わり、やめようとしてしまいます。やれる自信がないのなら、始めから手を出さないほうが、美があります。心変わりや飽きてしまう要素があるので、大きいことをするには向きません。小さく簡単なことだけにすることです。

三爻

集まろうにも誰も相手にしてくれず、独りぼっちです。行き場がなく、溜息ばかりの毎日です。希望するものも目線が高く、叶うはずもありません。多少不満は残りますが、目線を下げて手近なものならば何とかなるでしょう。自分自身にきちんとした目的や考えがなかったために今があることを、まず受け止めることが必要です。贅沢はいえないのです。

四爻

悪いことはありません。現状に納得し、維持していけばよいでしょうし、うまくやれることだけを選択していくので失敗することがありません。大きく期待するのは考えものですが、穏やかな時ですので、周囲と協調しながら過ごしていけばよいでしょう。すべてにそつなく対応していくので、賢い生き方ができるのかもしれません。順調そのものです。

五爻

良い立場、環境にあって自分の人生に不満を感じることがありません。しかしその一方で、何となく物足りないような気がするものです。やるだけのことはやる、結果を出す、修練をする……。そんな品行方正な過ごし方となるでしょう。良い結果を出すことが一番求められているので、その期待に応えていかなければならず、案外、実入りは少ないものです。

上爻

集まることの終わりです。誰とも集まることができず、淋しさでいっぱい、涙と鼻水があふれるばかりで、止まることがありません。しかし待つばかりでなく、それなりに相応しい所へ自分のほうから出かけて行くようにすれば、今の状態は改善されていくでしょう。涙も嘆きも生きている証拠です。視点を変えると違った生き方が見えてくるものです。

46 地《ち》風《ふう》升《しょう》

升《しょう》は、元《おお》いに亨《とお》る。
用《もっ》て大人《たいじん》を見《み》る。
恤《うれ》うるなかれ。
南征《なんせい》して吉《きち》。

【相当に腰が重たい状況】

地風升は、「のぼる」意味です。それを卦の象では、外卦の坤（陰・陰・陰☷）の地面の下に内卦の巽（陽・陽・陰☴）の木の芽があってゆっくり成長していくことを表象しています。卦辞に「南征して吉」とあって行動することは良いことをいいますが、地風升ののぼり方は一歩一歩少しずつで、時間がかかりすぎるのです。やる気があるのかないのかぐらいののんびりムードですから、この卦を得た人は現状に満足しているため、動く必要がないと考えているか、相当に腰の重い人といえるでしょう。問題の少ない時なので、本当に気力があったなら前に進んでみてもよいでしょう。

【ちりも積もれば山となる】

地風升は木の芽がゆっくりと成長することをいうので、烈《はげ》しい動きはありません。こつこつと日々努力を積み重ねていくことが特徴で、非常に根気が必要となります。また、ちりも積もれば山となるの言葉のように、小さなものがゆっくりと大きくなっていくことをいい、地道なやり方をします。たとえば一攫千金を狙うのではなく、定額預金、それも少額のものをすることで、やがてはまとまった金額になり、目標を達成していくことをいいます。このように地風升は、地味で平凡で面白みに欠けた時となるので、なおさら「南征」を強調してきます。

【間延びしてチャンスを失する】

地風升を得て気をつけなければならないことがあります。ゆっくりのんびりというのは余裕があってよいように思いますが、反面、間延びしやすく、良い話もいつの間にか立ち消えになることが多くあります。ズルズルしていて「今」という時のチャンスを逃してしまうのです。ですから、まずその気になることが大切で、なったらさっと動いていかないと大事なことまで失うことになるでしょう。尻を叩いても動かないのが地風升の弱点です。すべてに時間がかかるので、急ぐことを占うには不向きな卦といえるでしょう。とりあえず何でもよいからやってみましょう。

初爻

のぼることの始めです。自分としてはやる気になっていますが、周りの状況のためにすぐに動くことができません。仲間などの一緒にやってくれる存在があれば何とかなりますが、なければそのままにしてしまうでしょう。すべて「まあいいか」というようにスローペースです。気持ちだけで終わりになりやすく、いつ芽が出るのかは「?」です。

二爻

何でもやれそうな立場や環境にありますが、何もする気になれません。自分自身の中に自分で目的を持たなければ事が動くことはないものです。いつ立ち上がってくるのかは不明です。だからこそ、とにかくやってみる、その一言に尽きます。無理のないやりやすいこと、簡単なものから始めてみましょう。案外、嬉しい結果となります。平穏そのものの時です。

三爻

周囲が驚くくらい急にその気になり、動き出します。やろうとすることに妨害するものは何もないので、どんどんやりすぎてしまうことになるでしょう。目的の絞り方が悪いと無駄な動きになってしまうので、計画だけは綿密に立てておくことが大切です。地風升の中で、ようやく自分から事を起こしてくれるので、めでたい一面があります。

四爻

悪いことは一切なく、かといって手に取るような良いこともなく平穏です。じっとしているよりは何か行動してみるのがよいでしょう。何もすることがない日なら、墓参りに出かけるのも悪くありません。約束事は話があっても先延ばしになり、それで消えてしまうので、重要なことならば自分からアプローチするか、間に人を入れて進めてもらうようにしましょう。

五爻

一歩一歩確実に階段を上るように事を進めていきます。当然、時間と根気が必要になりますが、結果は良いので丁寧に事に当たっていきましょう。進みそうで進まないもどかしさとの戦いになりますが、千里の道も一歩からです。早いだけが良いとは限らないものです。がんばってください。それにしても永い道のりとなるでしょう。地風升そのものを表す爻です。

上爻

のぼることの終わりです。やたらと熱くなってどうにもならないことに夢中になっています。そのために計算外の問題が起きてしまうでしょう。不吉です。また、自分のペースだけでやろうとするには無理が生じます。周囲に合わせるほどほどの感覚を身につけていかなければなりません。地風升の中で一番問題のある爻で、重病人は厳しい結果となります。

47 沢水困《たくすいこん》

困《こん》は、亨《とお》る。
貞《ただ》し。
大人《たいじん》は吉《きち》にして咎《とが》なし。
言《い》うことあれど信《しん》ぜられず。

【沈黙で耐えることが金】

沢水困は困難、困窮の意味です。それを卦の象では、内卦の坎（陰・陽・陰☵）は陽卦で、それが外卦の兌（陰・陽・陽☱）の陰卦に覆われています。つまり君子が小人に覆われて身動きが取れず、困難に遭っていることを表象しています。また、内卦に坎があって苦しみの中にあるのに、外卦に兌の喜びがあるというのは、困難な時であっても困難なりに何とか耐えてやっていくことをいいます。卦辞では困難な時ほど愚痴をいったり余計なことを口にしたりしないように、といいます。何を言っても信じてもらえませんし、信用を失いやすいからです。沈黙を守ることが大切です。

【苦しみとの戦いは自分との戦い】

沢水困は、大変な困《くる》しみです。金銭、健康、家庭、仕事などすべてにわたります。特に金銭についての問題が多いので、おのずと家庭に影響するようになります。このように困しみが二重三重と重なってくるのが特徴です。どこから手をつければよいのかわからないので、普通の状態になるまでに相当の時間がかかります。だからこそ我慢が必要ですし、やたらと動いて傷を大きくしないようにしなければなりません。苦しい時ほどじっと辛抱できるかできないかで、その人なり人生なりを決定してしまうのです。苦しみとの戦いは自分との戦いでもあるのです。

【苦しいのは「今」のみ】

沢水困は「今」が苦しいのです。これからではなく今です。仕事がない、お金がない、体調不良などどうしようもありません。泣き言をいってみても何の解決にはならず、嘘や見栄はもってのほかです。たとえばお金がないならないなりに生活レベルを下げるしかありません。それを、借金をすることで切り抜けようとすると、そこから抜け出ることができなくなります。沢水困は三陰三陽卦と陰陽のバランスが良いので、我慢をしているといずれ出口が見えてくるものです。限られた時間の苦しみですから、きっと乗り越えていくことができるでしょう。

初爻

苦しみの始めです。困難の真っただ中にいるので、その苦しみは言いようがありません。まったく身動きが取れず、助けもありません。かといってじっとしているのもとても辛いものですが、解決する方法がないために、この状態は三年続くことになるでしょう。また、尻の病気には注意が必要で、酷い痔病で苦しむこともあり、時には手術となるかもしれません。

二爻

望まないものをもらうという、有り余る苦しみです。過分すぎてしまうのでしょう。品物ならば近しい人や欲しがっている人に分けてあげればよいのですが、地位や立場となると話は別で、欲が出て引き受けたくなるものですが、ここは辞退して新しい動きはやめるほうがよいでしょう。今動いてしまうと、後に本当の苦しみがやってきてしまいます。

三爻

前へ行こうとすれば大石のような障害があり、退こうとしても茨の道でにっちもさっちもいきません。心の安まる所へ行こうにも、そんなところはなく、話を聞いてくれる人もありません。困しみの中の困しみです。このような時はジタバタせず、しばらく様子を見るのです。やらなくてもよいことをやると、世間の笑いものとなるでしょう。もがかないことです。

四爻

物事が停滞していて思うようになりません。障害となっていることに気を取られず、自分のやるべきことを粘り強く行っていきましょう。今はとても大変な時ではありますが、時間が経つにつれてだんだんと良くなってきます。答えを急がないでいると良き結果が得られ、希望していたことも叶うようになります。すべて予定した期日より遅れてやってきます。

五爻

自分はいつも通り普通にやっているのですが、周りの人や環境のために我慢をさせられるという苦しみに遭います。これらのことは根本的な原因が自分にあるわけではないので、焦らずいると、徐々に解決されていつもの日常を取り戻せることができます。変にクレームをつけたりせずに、時を待っていましょう。心配することはありません。

上爻

苦しみの極限です。次から次へと問題が起きてきて、大変な苦しみとなります。ちょっとでも動けば深い傷を負うことになるでしょう。本当に困ったならば、じっとしていることが何よりです。そしてなぜそのような事態になったのか、自分を振り返り、反省することが必要です。言いたいことを言っていたのでは誰も相手にしてくれなくなるでしょう。

48

水風井《すいふうせい》

井《せい》は、邑《ゆう》を改《あらた》めて井《せい》を改《あらた》めず。喪《うしな》うなく得《う》るなし。往《ゆ》くも来《きた》るも井々《せいせい》たり。汔《ほと》んど至《いた》らんとして、亦《ま》たいまだ井《せい》に繘《つりいと》せず、その瓶《つるべ》を羸《やぶ》る。凶《きょう》なり。

【変わることなく、そこにあり続ける】

水風井は井戸の意味です。それを卦の象では外卦の坎（陰・陽・陰☵）は水、内卦の巽（陽・陽・陰☴）は入る、つるべをいい、水の下に入って水を汲み上げることから井戸を表象しています。卦辞では、井戸は井戸のある村や場所が変わっても、井戸は井戸であってその効用は変わることはなく、そこにあり続けます。そして井戸は人々の生活を支えるもので、その水は汲んでも汲んでも湧き出て枯れることがありません。また、井戸につるべを入れて水を汲み上げようとした瞬間、扱い方が悪いとつるべを落としてしまい、水を汲み上げることができなくなることもいいます。

【結果を得るまでは慎重に】

水風井は「井戸」の形や役割を、そのまま判断の材料として考えます。井戸は井戸という一つの固定した形があり、変化がありません。水は万物を養うもので、生活必需品であり、世界各地に共通するものです。また、つるべという道具があってその使い方次第では手に入れるものもあれば、できなくなることもあります。最後の最後まで気を抜くことはできません。これらを土台にして水風井を得た時は、変えない、変わらない、結末を見るまで慎重にと考えます。そして養生の卦でもありますので、食べることや健康面について問題がある場合があります。

【面白味には欠けるも無難】

運勢にこの卦を得ると、変わったことのない時です。仕事であれば、同じことを続けていくしかありません。単調で地味、暇であったり、逆に便利に使われてしまうことがあります。井戸は動かせないことから、転勤・転職・異動はありません。恋愛や結婚は、井戸という形があるので既成事実があり、その関係を続けていくのでまとまります。離婚を考えて悩んでいても、この形があるので別れることはなく、そのままになるでしょう。喧嘩しながらも渋々やっていくことになります。全体的に面白味には欠けてしまう時ですが、無難でもあります。

初爻

井戸の底が泥でいっぱいで、鳥さえも水を飲みに来ない、使い物にならない状態であることをいいます。時代の流れに取り残され、見捨てられてしまったのです。それは自分が今まで何も努力や工夫をしてこなかったことが原因となっていて、まったく見込みがありません。自営業やフリーで働いている人にとっては何ともしがたいでしょう。使えません。

二爻

井戸に水はあるのですが、底が破れているため下に漏れてしまっています。雑魚を養う程度なので、たいした効用はありません。これはどこかに不備な部分があるので、効率が上がるよう手入れをする必要があります。手にできるものは小さくて良い状態ではありません。一応、井戸であるだけのことなので、多くを求めることには無理があるでしょう。

三爻

良い水を湧き出せる井戸ですが、井戸の置かれている場所が悪すぎて誰も目にすることはなく、使ってもくれません。「誰かー！」と嘆くことになるでしょう。持っているもの、技術は素晴らしくよいのですから、宣伝方法を考えて自己アピールし、スポンサーなどを見つけるなどの行動を取らなければ、このまま埋もれてしまうでしょう。生かすことを考えるべきです。

四爻

井戸の修理が終わり、いつでも誰でも使える状態になりました。が、そこまでで、もう一つ何かが足りません。病後に当てはめて考えるとよくわかることで、完治はしたものの、今一つ、体力がないという状態です。コツコツと地道にやるしかなく、現状維持でいることがよいでしょう。自分のことを何とかするだけで手一杯で、他のことをする余裕はありません。

五爻

清くて冷たい良質の水が湧き出る井戸です。この水はどんなことにも用いることができ、誰にでも分け与えられます。使える範囲は広いので、自由に上手に活用していけばよいでしょう。運勢も穏やかで何の問題もありません。このような日に食べる物はおいしく感じられるので、これを機会に苦手なものを克服しておくとよいでしょう。心配ありません。

上爻

井戸の終わりです。井戸を覆っていた幕を取り払って万人に水を与えます。サービス第一がモットーで無償の提供です。できることならそれを長く続けるとよいでしょう。オープンな気分になり、すべてが順調に運ぶ穏やかな時です。自分の思った通り好きなようにやってみましょう。また、長年続けてきたことは、大いに認められることになります。

49

沢《たく》火《か》革《かく》

革《かく》は、己日《きじつ》にして乃《すなわ》ち孚《まこと》あり。
元《おお》いに亨《とお》る貞《ただ》しきに利《り》あり。
悔亡《くいほろ》ぶ。

【物事を改める】

沢火革は革命、改革を意味します。それを卦の象では、外卦の兌（陰・陽・陽☱）は水、内卦の離（陽・陰・陽☲）は火です。火に水をかければ火は消えてしまいますが、再び新しく燃え出すことができることに変革を表象しています。物事を変革、改めるには、何のために改めるのかという目的が大事で、それをいつやるのかのタイミングがすべてを決定づけます。思いつきの行動は論外ですし、手順を考えしっかりとした準備がされなければ失敗してしまうでしょう。チャンスの時は一度しかなく、狙っていないと見えないものです。それを卦辞では「己日」といいます。

【人生の大転換期】

沢火革は改まる、改めることがあります。そしてそれらをやらなければなりません。なぜなら今続けていることには無理があり、今ならまだ手を打つことで打開していくことができるからです。自分「やりましょう」ではなく、「やれ！」です。自分の身を守るため、良くなるために是非ともやるのです。ですから自分にとって何が一番大事なのかをわかっていないと、より良き道を歩んでいくことは難しいこととなるでしょう。また、生活スタイルが一変するので、人生を考えるうえで大きな出来事に当たります。「革命」ですから、生やさしい変化ではありません。

【急激な変化】

沢火革は急激な変化をいうので、今までどういう状態であったのか、それが今後どう変わっていくのかがポイントになります。仕事なら体制が変わり、気を抜くことができません。恋愛なら相手がいない人は出会いがあり、進展するでしょう。結婚は決まっていたことなら変更されることになるので気をつけなければなりません。長年子宝に恵まれなかった人が懐妊することもあるでしょう。病気なら世間であまり知られていないような病を患いやすくなります。逆に苦しんで人は良くなるでしょう。整形手術を受けることもあるかもしれません。

初爻

変革の始めです。今の状態から抜け出したいと思い、転職や引っ越しなどを考えたりします。しかしまだ準備は整っておらず、思いつきの要素が強くあります。まだ変革をするには早すぎてタイミングが合っていません。もう少し時間をかけて時をずらしていきましょう。また、すでに起きていることは、これから烈しく変わってくるので注意が必要です。

二爻

絶好のチャンスです！　これは今しかなく一度きりなので、自信を持って断固として変わっていきましょう。そうすることによって予想していなかった状態が始まることになります。今やらないでいつやるというのでしょう。ここで変わっていかないと後悔することになります。人生には「あの時」という時があるものです。つかむのは自分の決断です。

三爻

チャンスの時がずれてしまいました。遅れてしまったのです。そのために慌てて独断でやろうとするとうまくいきません。前後の事情を調整し、周囲の人達と三度確認し合い、それでやるとなるならば慎重にやってみましょう。いったん事が始まったならば、もう引き返すことはできません。しっかりと詰めていくことが必要となります。

四爻

変わっていく方向へと流れは決まっています。なるべくしてなる、なるようになるのです。今さらバタバタして騒いでみても仕方がありません。周りの状況に合わせながら協力していきましょう。自分自身にしっかりとした考えがあれば、どのようなことになってもわかっていることなので、心配することはありません。自分の予想した結果となります。

五爻

周りの状況が変わっていくために自分もまた変わるようになります。しかしそれは見た目だけのもので、本質的には何一つ変わってはいません。特別目新しい感じはなく、平穏な結果に収まるでしょう。往々にして初めから事が決まっていることが多く、形だけ、うわべだけ変えたからというようなものです。自分はすました顔でそこにいれば心配ありません。

上爻

変革の終わりです。すべてが変わり、結果が出て完結です。終わってしまってから過去を蒸し返してごちゃごちゃいっても仕方がありません。意味のないことをするだけになるので、これ以上のことを考えたり望んだりするのはやめましょう。現状に満足することがよいのです。大きな変化があった後ですから、今は控えめに過ごすことが大切です。

50

火風鼎《かふうてい》

鼎《てい》は、元《おお》いに亨《とお》る。

【ゆっくりとした変化】

火風鼎は、ゆっくり変化する意味です。それを卦の象では、内卦の巽（陽・陽・陰☴）の木の上に外卦の離（陽・陰・陽☲）の火があって、生ものを煮ることを表象しています。また、初爻が鍋（鼎《かなえ》）の足の部位、二爻・三爻・四爻が胴体、五爻は鍋の耳に当てています。前の卦の沢火革も変化を意味しましたが、火風鼎の変化はゆっくりです。鍋をひっくり返して汚れをよく洗い落とし、そこに新しい材料を入れて時間をかけて生ものの食形がすっかりなくなるまで煮ていくのです。卦辞は「元いに亨る」とあって、最後まで上手に仕上げることができれば希望が亨るといいます。

【完成するまでにはいろいろと手がかかる】

火風鼎は鍋ですから、煮る・焼く・蒸すなど使う用途はたくさんあって、とても役立つ物です。そして使い方次第、材料次第、仕上がり次第で食べてみなければわからないものです。料理をする時と同じように考えてみるとよくわかるかと思います。準備、下ごしらえ、火や味加減、盛りつけと完成して食べられるようになるまでいろいろと手がかかるものです。この料理するものが何に当たるかを考えなければなりません。相手があっての料理ですから自分流にこだわるとうまくいきません。途中で手抜きをすることは失敗の原因となりますので、タブーです。

【三角関係に悩む】

鼎卦を得たということは、変化することや変化させたいと思うことが起きてきます。転職や業務内容が変わってくる、鼎は三本足なので恋愛中の人なら三角関係を清算することもあります。結婚は時間がかかるだけでまとまりにくく、家庭においては後継者問題や相続のことが問題となります。健康は鍋ですから消化器系の調子が悪いなどと考える範囲は広いものです。また、相手が存在することから、自分の好みや望むことを押しつけることは通用しません。相手の話をよく聞いて、自分は一歩引くのがよいでしょう。火風鼎は考えることが多く、難しい易です。

初爻

ゆっくり変わることの始めです。汚れた鍋をひっくり返して洗うことをいいます。汚れとはこれまでの行きがかりや自分にとって不利なことで、それら内情をすべて表に出してきれいにするのです。常識や見栄よりも実利を取ることで、今後良い方向へ変わっていくでしょう。汚れを残したままでは何も解決しません。

二爻

自分に仇をするものが身近にあります。しかしそれに対して心が惹かれてしまい、どうしても手を切ることができません。誘惑に負けてしまうと、想像していた以上にその害は広がっていくでしょう。特に楽なことやこれまで親しんでいたこととなると厄介です。本来の自分を大切にする考えを持たなければなりません。本当のご馳走は別の物です。

三爻

鍋の耳が取れてしまいました。これでは鍋を移動させることができません。つまり、耳が取れるという周囲の状態が悪く、自分の煮る行為がうまくいきません。どんなに一生懸命がんばってみても理解されることはなく、かえって怒りや淋しさを感じることになるでしょう。環境によっては自分の考え方を変えるという融通性が求められるようになります。

四爻

食べ物が煮えてきて変化してきました。何となく良い感じという大事なところで鍋をひっくり返して中身を台無しにしてしまいます。これは自分に見る目がないために、あてにしてはいけない人に事を任せて大失敗することをいいます。もちろん相手にミスはありますが、そうなった根本の原因は、甘い考えで事に当たった自分にあります。失敗です。

五爻

良い状態に煮上がりました。ここまで来るためにはずいぶんと時間はかかりましたが、実のある良い結果となるでしょう。五爻は鍋の耳に当たり、その耳は黄金であるので、人から聞いた話などをうのみにせず、自分の耳で聞いたことを大切にします。そのために状況によりよく適合し、時には要領良くやっていけることをいいます。上手に変化できるのです。

上爻

食べ物がすっかり煮えて食べる段階に来ました。事の完成の時です。料理の途中で大きな躓きがなかったのでしょう。火風鼎はゆっくり変化していくことから、のろのろしているので気が変わったり、やめたりすることがあるので、口にするまで気を抜くことができません。自分の持っている材料を上手に生かしながら過ごしていくことをいうのでしょう。

51

震《しん》為《い》雷《らい》

䷲

震《しん》は、亨《とお》る。
震《しん》の来《きた》るとき虩々《げきげき》たり。
笑言《しょうげん》啞々《あくあく》たり。
震《しん》は百里《ひゃくり》を驚《おどろ》かす。
匕鬯《ひちょう》を喪《うしな》わず。

【驚くことがあっても無事を得る】

震為雷は地震、驚くことがあることを意味します。それを卦の象では、内卦も外卦も震（陰・陰・陽☳）の雷が二つ重なっていることで表象しています。卦辞では地震が来ると驚き慌てふためきますが、後には平穏さを取り戻すことができます。そして地震は遠くまで影響を及ぼすもので、どんな時でも冷静にいると大切なものを失うことがないといいます。ここから地震のような突発的で大変驚くようなことがあっても、慎重に対応していけば無事を得るでしょう。日頃からの修練と自戒していくことの大切さを教えてくれています。本当にビックリします。

【予想外の突発的な出来事】

震為雷を得た時にまず考えなければならないことは、地震に当たる非常に危険で驚くことはいったい何を示すのかです。予想外の突発的なことであり、自分が警戒していても起きてくるものなので、実に厄介です。また、緊張感を解いて気を抜いている時のこともあり、その激震は強いものとなるでしょう。震為雷は「声あって形なき象」でもあり、調子の良い話には特に注意が必要で、嘘や詐欺に遭うこともあります。ですから自分の身に迫る危険に対しては敏感に察知する感性も大切なものです。冷静沈着にあることが求められる時です。

【噂話や流言に気をつけるべき】

人が生きている間にはいろいろな出来事があるものです。震為雷のような驚くことはあまり楽しいものではありません。そういった時に「事」に振り回されることなく対応していくことができれば、このことも乗り越えていくことができるでしょう。また、震には噂話の意味があり、途方もなく広がることがあります。無責任な言動は人を傷つけるものです。安易な言葉を口にすることは自分の品格を下げることになります。インターネットの活用により、そのような現象が見られますが、卦辞の「百里を驚かす」の言葉からよく考えてみてください。

初爻

地震の始めです。突発的な出来事があり、大変驚くことがあります。しかし落ち着いて事の成り行きを見守っていると、状況がはっきりしてくるため、打つ手もわかり、ホッと笑みが出るように安心することができます。もちろん甘い考えをすることはよくありませんが、実害もなく普通の状態となるでしょう。地震の初めは本震です。慌てないように。

二爻

直下型地震に遭うようなもので、非常に危険な位置にいます。この想定外の出来事に対しては財産も含めて失うようになりますが、それでも未練を持たずに放り出して安全な方法を取り、逃げなければなりません。人は命あってのものなので、執着心ほど愚かなものはありません。失くしたものはいずれ戻ってくるのですから、今は身の安全の確保です。

三爻

起きてくる出来事に対して打つ手が見つからず、どうしたらよいのかわからないといった茫然自失の状態です。腰が抜けてしまったと考えるとよいでしょう。このような時は慌てることが何よりも悪いので、一つひとつ確かめながら石橋を叩いて渡るようにしていかなければなりません。慎重さを持ちながらしばらく様子を見ているのもよいことです。

四爻

地震に当たる出来事に勢いがなく、不発に終わるので心配することはありません。自分自身の気力が欠けていることもあって、物事が進展していかないのです。このような時は余計なことにかかずらうのはやめにしましょう。ムキになるとかえって面倒なことになり、嫌な思いをするようになります。これを良い機会に無駄なことから一切手を引きましょう。

五爻

二爻と同様に非常に危険な位置にいます。動こうにも維持するにも辛く、どうしたらよいのかわからないでしょう。かといって人に相談することはいっそう事を複雑にしてしまうので、自分一人で考えて見極めて、答えを出していかなければなりません。新しいことには手を出さず、大事なことについて計算していくことが必要です。バタバタしないことです。

上爻

地震の終わりです。まだ自分の身に事件が起きているわけではありません。周りの人の失敗や苦労などの状況を見て、そこから疑問や不安を感じたら、自分の有り様を改めていかなければなりません。今のままでいることはとても危険です。まだ時間的な余裕のあるうちに様変わりをしていきましょう。また、隣近所との問題が起きやすいので注意してください。

52

艮《ごん》為《い》山《ざん》

其《そ》の背《せ》に艮《とど》まりて、
其《そ》の身《み》を獲《え》ず。
其《そ》の庭《にわ》に行《い》きて、
其《そ》の人《ひと》を見《み》ず。
咎《とが》なし。

【欲張らず、惑わされず】

艮為山は艮《とど》まる、停止の意味です。それを卦の象では、内卦も外卦も艮（陽・陰・陰☶）の山が二つ重なって高く重々しいことから表象しています。卦辞では「其の背に艮まりて、其の身を獲ず」とあって、人間の本能は身体においてその表側にある顔や手足は動くことで生じるものです。しかし背中は動きがありません。欲を掻き立てるようなことがないことをいいます。つまり無欲です。ですからどんな所へ行っても誰を見ても惑わされることもなく、羨ましいとも思いません。そのように欲のない人は自分の分限がわかっているので失敗することがないといいます。

【欲を持つことを禁じる】

艮まる意味を持つ卦は他にも風天小畜の「少し艮まる」、山天大畜の「大きく艮まる」がありました。それらは時間のかけ具合で希望が亨る可能性がありましたが、この艮為山は欲を持つことを禁じているので、中止、やめることをいいます。二つの山が重なっていることを登山に当てはめるとよくわかります。世界最高峰にアタックすると思えばよいでしょう。どれだけの体力や資金、時間などの準備が必要かを想像しただけですべてが無理とわかるでしょう。必要以上の欲を持たないこと、無欲というのは、生きること食べることのみをいうのです。

【大変な苦労が続く状況】

艮為山はひと山越えて二山越えてと、大変な苦労が続くことをいいます。重い荷を背負いながらの道のりです。身内の問題や相続が絡んでいると、その解決に数十年にも及ぶことがあります。場合によっては生きている間、生涯難しいとの判断になります。だからこそ分際を守ること、欲を捨てることが望ましいというのでしょう。占ったことについてはすべて忘れてしまうくらいがよいのです。健康面では、酷い疲れが溜まっていて、睡眠を取ったくらいでは回復できません。病気は艮の山の象から腫れ物、悪性の腫瘍など難しいものが多く、厄介です。

初爻

艮まることの始めです。身体の部分では足に当たり、動くことを極端に嫌います。これは分不相応なことをしようとしているために、絶対に動くなと易が警告を発しているのです。人生を左右してしまうほどのことになるので、欲を持つことや甘い考えは一切捨てなければなりません。何もしなければ問題は起こらず、失敗することもありません。動かないこと！

二爻

抜き差しならない関係や出来事があって、自分としてはやりたくないのですが、それに従うようになってしまいます。何とか助けてあげたいという情が入ってしまうのでしょうか。すべてに目をつぶり、黙ってやるしかありません。忍耐の上にも忍耐の状態となるでしょう。特に家庭での問題が多く、解決が難しいものがあります。辛く我慢の時となるでしょう。

三爻

自分だけがよいと思い、とことん動いてしまいます。その結果、周りに迷惑をかけるようになるのですが、本人は気づくことがありません。自分の考えに固執するあまり、やることなすこと、すべてうまくいきません。大変な思いをするわりに報われることもなく、不愉快さとイライラが募るばかりです。柔軟性のない性質と欲が諸悪の根源となります。

四爻

自分の分限がよくわかっている人です。それ相応に考えて余計なお節介などはせず、自分のことだけに励みます。一歩引いたかたちが一番良く、要領良く受け流していくことが何よりでしょう。新しいことに対しては時期を待つべきで、急ぐ必要はまったくありません。大変な状況にあっても心が乱れることがないので、失敗することがありません。様子を見ていましょう。

五爻

自分の立場をよく理解しているため、やることに手順が整っていて失敗することがありません。難しいと感じることは、急ぐことなく取り組めば何とかなる可能性もありますが、その自信と覚悟がなければ、やはり時は艮為山なのでやめることがよいでしょう。また、舌禍問題を起こしやすいので、言葉の遣い方には十分な配慮が必要となります。

上爻

艮まることの終わりです。山の頂上に立ったようなものですが、ここまで来るのには大変な苦労があったことでしょう。さあ、ここからいよいよ動こうかと思いがちですが、最後の最後までよくよく考えなければなりません。慎重さを忘れて迂闊《うかつ》に行動することはやはり危険ですが、このような時ほどふっと心が動くものです。思い通りになるとは限りません。

53

風《ふう》山《ざん》漸《ぜん》

䷴

漸《ぜん》は、女帰《じょとつ》ぐに吉《きち》。
貞《ただ》しきに利《り》あり。

【無理のない計画で成功する】

風山漸は、漸進、段々に進む意味です。それを卦の象では、内卦の艮（陽・陰・陰☶）は山、外卦の巽（陽・陽・陰☴）は木で、山の上にある木はゆっくり生長することでいずれ山も大きく見えるようになることから、これを表象しています。卦辞では「女帰ぐに吉」とあって、女性が結婚する場合にはしかるべき手順を踏んで一つひとつ進めていくことがよいといいます。すべてゆっくりです。計画を立てることは大事なことですし、一気に片づけていくという考え方はありません。急げば失敗してしまうのです。時間はかかりますが、やることに無理がないので良い結果となります。

【何事も穏やかで問題の少ない時】

風山漸は、六十四ある卦の中でも穏やかな卦で問題も少ないことが特徴です。山の上にある木は、太陽の恵み、時には風雨もありますが、それらを身に受けながらゆっくりと大きくなっていくので、占ったことに対してはやっただけの結果を手にすることができます。仕事は発展していくでしょうし、結婚も良い縁でまとまります。健康も何の心配もありませんし、病気はゆっくりとよくなっていくでしょう。人生全般にわたり順調で、楽しいことが多い時ともいえます。「漸進」を合い言葉にしていれば特に失敗することはありませんので、行動してみてください。

【時間をかけてじっくりと育成する】

時代が猛烈な勢いで変わっていく現代において、風山漸のようにゆっくり時間をかけるという行為は少なくなってきているように思います。どの業界でも人材不足が問題となっていますが、育成するだけの時間と余裕と体力がなくなっているのでしょう。子供の成長と教育に対しても同じことがいえます。早いことが優先されて手間暇が省かれていく中では、本当の安定というものが盛り込まれていません。もちろん永遠の安定などはあり得ないことですが、それでも時間をかけてやっていくことで将来の見通しが立つというのは何とも好ましいものです。

初爻

段々と進むことの始めです。今までの生活を続けようか、一歩前に出て新しい世界へ踏み出そうか、心が逡巡《しゅんじゅん》してしまいます。周りからもいろいろといわれてしまいますが、不安や自信がないために決断できません。自分にできることとできないことがあるのですから、無理する必要はなく、自分のペースでいくことがよいでしょう。急ぐ必要はないのです。

二爻

平穏そのものです。決められた範囲の中でのことですが、安定していますし、それらが今後へのステップにつながっていくので期待することができます。友人知人と質素ではありますが会食などもあり、楽しいことの多い時といえるでしょう。のんびりと今の状態を過ごすことも悪くありません。希望することも時間をかけることでうまくいくでしょう。

三爻

風山漸の中で唯一問題のある爻です。あまりにも身勝手にやりすぎてしまい、周りを振り回して物事をバラバラに壊してしまいます。ゆっくりやるべき時に目先に飛びつき、やればやるほど考えていたことと違った結果となるでしょう。家庭内のことや夫婦間の問題など争い事が絶えず、良い意味はまったくありません。犠牲を作ってしまうので自重してください。

四爻

安定した状態にあり、難しい問題はありません。自分の好きなようにやれるよい時です。何か選択するような時に迷うようであれば、自分にとって確実で安全なほうを選ぶとよいでしょう。時間をかけてやっていけば、失敗することはありません。結婚は良い縁でまとまるでしょう。柔軟に対応していくためにすべてが順調に運んでいきます。良運です。

五爻

やりたいと思っていることに対して障害があってすぐにはどうにもなりません。それらを片づけるには三年の月日が必要となるでしょう。しかしその後は順調に事が運んでいくので心配することはありません。初めが大変ですが、じっくりと粘っていけばよいでしょう。妊娠を望む人にとっての朗報は三年先になります。それまでしっかりとやるべきことをしておくこと。

上爻

段々と進むことの終わりです。山の上の木が大きく成長するまでにはさまざまなことがありますが、人生も同じで一つの結果が出て区切りの時となります。良好な歩みだったのでしょう。素晴らしい足跡を残せるようになります。若い人に得ることは少なく、年配者の定年後の生活のように思います。今後も品位を持ちながら自由に過ごすとよいでしょう。

54 雷沢帰妹《らいたくきまい》

䷵

帰妹《きまい》は、征《ゆ》けば凶《きょう》。
利《り》するところなし。

【目先のことにだけ夢中】

雷沢帰妹は、結婚、目先に夢中になる意味です。それを卦の象では、内卦の兌（陰・陽・陽☱）の少女が、外卦の震（陰・陰・陽☳）の長男を追いかけることから表象しています。普通であれば兌の少女は艮の少年との結婚が正しいものであるのですが、雷沢帰妹は長男を追いかけての結婚ですから、不釣り合いでうまくいくはずもありません。そのために卦辞で「征けば凶。利するところなし」とあって、動けばアウト、良いところが一つもないといいます。結婚に限らず目の前にある震に当たるものに熱くなってしまいます。これが不吉の元になるので動くことは厳禁です。

【不向きなものに手を出している】

雷沢帰妹を得た時は、震の目先の正体をつかまなければなりません。そして自分は兌ですから知識・常識・経験がないなど何か欠けているものがあり、欲だけで動こうとします。しかし、あまりにも追い求めるものと自分とでは開きや差がありすぎて、手が届きません。もともと間違っているものや不向きなものを求めているのですから、結果が良いはずはなく、悲惨な結果となるでしょう。本当に恋愛なら言葉が悪くなりますが、女性は捨てられることになるでしょう。結婚を意味する卦ですが、長く続くことはなく、別れることになります。雷沢帰妹は見るも無惨な易です。

【思い込みだけで進めて失敗する】

雷沢帰妹は前の卦の風山漸と違ってスピードがあります。強い思い込みだけで突っ走り、立ち止まることがありません。怖いモノ知らずです。自分で自分のことが見えていないのと同時に、世の中が見えていません。調子の良い話にすぐ飛びつき、事の終わりを計算しないなど場当たり的な行動をしてしまいます。目先の欲を捨てることができれば、いくらでも穏やかに過ごしていくことができるのですが、そうでないのが雷沢帰妹を得る人の泣き所でしょう。占ったことに対しては「利するところなし」です。すべてやめること。欲やあこがれだけでは失敗するだけです。

初爻

目先に夢中になる始めです。自分の立場や能力をよくわかっているため、決して前に出ることがありません。一歩引き下がり、二番手に徹していくことになります。脇役には脇役の良さがあるので、今は目立たない位置にいるようにしましょう。ひっそりと生きることで次のチャンスを待ち、本当に自分に向いているものを探すのです。目先は捨てること。

二爻

自分のしていることが馬鹿馬鹿しく思えてなりません。現状に不満があるために、生活などを変えたいと思うようになります。しかし変えてみても仕方がありません。このまま現状を続けていくことのほうがはるかによく、他のことに心を惹かれて行動してみても何の得にもならないでしょう。辛抱しながら自分なりに淡々と過ごしていくことが一番良いのです。

三爻

いくつになってもきちんとした自分の考えを持てないでいます。そのため、ただやりたいやりたい、欲しい欲しいと目先に飛びつこうとしています。これでは望むものは手に入りませんし、誰からも相手にされなくなるでしょう。自分から無理に何かをしようとしても、失敗するだけとなります。しっかりと計画を立てて出直すことを考えるようにしましょう。

四爻

チャンスを逃してしまいました。目線が高すぎたということもありますし、自分で納得できるものがなかったのでしょう。ずいぶんと遅れることになってしまいましたが、それはそれで、もはや仕方がありません。この際、遅れたついでに慌てることなくゆっくりと事を始めましょう。手違いも起こりやすい時なので、焦りを捨てて待つことが大切です。

五爻

特別心配しなければならないような悪いことはありません。見かけの華やかさより実利を優先させるとよい時ですから、自分にとっての大事なことをしっかりとやっていきましょう。地味な役回りに案外、ツキがあります。背伸びをする必要がないので、無理なく過ごしていくことができます。また人を見る目を養うにはよい機会となります。観察すること。

上爻

目先に夢中になることの終わりです。どこまでもいつまでも夢ばかり見てきましたが、すべてはちりと消えてしまいます。勝手に期待して金銭や時間など、かなりのものを注ぎ込んできましたが、蓋を開けたら空っぽの状態で手にするものは何もありません。早く現実に目を向けて地に足をつけた生き方をしてほしいものです。失うばかりでまことに不吉です。

55 雷《ら》火《い》豊《か》

豊《ほう》は、亨《とお》る。
王《おう》これに仮《いた》る。
憂《うれ》うるなかれ、
日中《にっちゅう》に宜《よろ》し。

【バブルのような豊かさ】

雷火豊は豊大、豊かさを意味します。それを卦の象では、内卦の離（陽・陰・陽☲）は明察、外卦の震（陰・陰・陽☳）は動く、先の見通しを持って動くことに盛大さの感じになることを表象しています。雷火豊は金銭や力、情報などを十分に所有している時なので、何の心配もありません。しかし、この豊かさはバブル期の日本と同じようなもので、確たる裏づけのあるものではありません。いずれ崩壊する日がやってくるものです。それを卦辞では「日中に宜し」とあって、早いうち、体力のあるうちならば問題がないのですが、長い時間の後には危ういことになるといいます。

【好調な時ほど用心が必要】

雷火豊は好調です。今が絶好調の時をいい、不足を感じることもないので気が大きくなっていきます。豊かさを思う存分に楽しむのもよいでしょう。しかし豊かさには頂点があるもので、この先がどうなるかを考えないと、すべてを失うことになるでしょう。どんな人にも良い時と悪い時がありますし、良い時の後は悪いものです。好調な時ほど用心しなければなりません。そして満足することを知らなければならないでしょう。豊かさになれてしまうとそれが当たり前になり、感覚が麻痺して感じることがなくなることくらい怖いことはありません。

【早く対応することで吉】

豊卦を得るというのは、その人にそれ相応の力があることをいい、困ることがありません。仕事は順調で、大きく広がっていくでしょう。もし不安に感じるようなことがあるなら、早いうちに解決する方法を取ることです。恋愛は、今まさにお互いが夢中で、熱愛状態です。これが結婚へと発展するかというと疑問で、早いうちならまとまる可能性がありますが、どうしてもこの縁でなければならないということもありません。金銭についての心配もないので生活にもゆとりがあるでしょう。あらゆるものを手にすることができますが、そのメンテナンスは大変になります。

初爻

　豊大の始めです。すべてのことがとんとん拍子でうまく運んでいく好調さです。目上からの引き立てもあり、自分から動くことで目的のものを手にすることができます。ただし、欲張るとうまくいきません。やりすぎは凶で、災いを生むことになるでしょう。どのあたりで満足するか、手を打つのかとの線を引くことも忘れてはなりません。

二爻

　これといった不満はなく、好調な時です。しかしこの波に乗ってやりすぎれば、その行為に対して何かと疑われることになり、良いほうへ取ってもらえません。自分が行動する時は、そのことが誰にでもわかるように、はっきりかたちにしておくような気遣いが必要となります。能力のある人ほど疎まれやすいものですので、身の処し方には気をつけてください。

三爻

　自分を取り巻く環境が悪いため、今は思うように動くことができません。また力を発揮することもできないでしょう。このような時は、大きいことは先延ばしにして小さいことから手をつけましょう。事を達成するまでにはいろいろと障害が出てきて時間はかかりますが、結果はオーライでよくまとまってきます。無理を通そうとしなければ問題ありません。

四爻

豊大の良好な流れにあります。しかし、今の立場にいるよりも目標を下げて別のことを考えていくほうがよい時です。立場や環境に未練や執着を持つことは、後悔することになるでしょう。名声や世間の評判などに左右されることなく、本当に自分にとって良好なものを選ぶべきでしょう。一緒に組む人を間違えないように気をつけてください。

五爻

自分一人では能力に問題があって何もできません。やればやっただけ失敗することになるでしょう。ですから、すぐれた能力のある賢い人と組むことで、事を任せてしまいましょう。プライドが許さないなどというような愚かな感情はこの際捨てて、目的を達成することを優先に考えるのです。それまでは口を挟んだりしないようにして見守ってください。

上爻

自分を買いかぶりしすぎています。周りからは鼻持ちならないヤツと苦笑いされているのですが、本人はまったく気づかず「何様」状態です。人を人とも思わない、思い上がった態度がすべてを壊してしまうでしょう。謙虚さを持ち、人に頭を下げて自分から会うようなことがあれば救われていく道もあるのですが、そうできず、災いの種を生むでしょう。

56

火山旅《かざんりょ》

䷷

旅《りょ》は、小《すこ》し亨《とお》る。
旅《りょ》の貞《てい》あれば吉《きち》なり。

【心寂しい「旅」】

火山旅は、旅を意味します。それを卦の象では、内卦の艮（陽・陰・陰☶）の山の上に外卦の離（陽・陰・陽☲）の燃える火があって、その火が次々と燃え移り、一か所にとどまっていないことから旅を表象しています。昔の旅を想像してみてください。何らかの事情によって国を追われ、逃げるようなことがあったのでしょう。平穏であればその場所でずっと暮らしているものです。ですから火山旅の旅というのは、楽しい行楽ではありません。友人知人などの頼れる人もなく、心細いし淋しいものです。安定した収入を得ることもなく不安定そのものです。

【郷に入っては郷に従えの精神】

旅をするには旅のルールがあるものです。卦辞では「旅の貞あれば吉」とあって、ルールを守ることができれば何とか無事でしょう、といいます。この「吉」は「良いことがある」のではなく、生きていけるでしょうという、厳しい判断になります。見知らぬ地で自由気ままに行動することは危険な行為ですから、その場その場に順応していかなければなりません。そして良き仲間を作る、良きリーダーの下につく、周囲の人達に嫌われないようにして受け入れてもらうようにする。そのようにして初めて「小し亨る」無事な旅となることをいいます。

【絶えず不安定さがつきまとう】

旅卦を得る時というのは、絶えず不安定さがつきまとうため、運勢でも難しい時となります。先行きが見えないので計画を立てることもできません。ですから人生の大事をするようことは無理で、目先の小事をこなしていくことになるでしょう。ただし、旅の貞、必要なものを揃えることができなければ、この小事さえも無理なこととなるでしょう。また、旅人ですから、何事もグズグズせず、スピードが必要となります。用事があるならサッサと片づけていきましょう。怖いのは重病人で、「あの世の旅」となり、難しい結果となりますので注意してください。

初爻

旅の始めです。何をするにしても気弱すぎてグズグズしてしまいます。腹を決めることができず、かえって問題を作ることになるでしょう。あまりにも小さなことにこだわりすぎていると、なかなかスタートすることができません。やると決めたらサッサとやる、時には開き直るくらいの強さが必要でしょう。答えは早く出してしまうことです。

二爻

旅を始めてその途中に当たります。旅に欠かすことのできない良い条件が揃いました。安心して泊まることができる宿、十分なお金、良き仲間とも出会うことができ、この旅を続けることができるのです。もちろん旅につきまとう心細さはあるものの、順調に事が運んでいくでしょう。ラッキーであることを噛みしめて気を抜かず進めて行くことです。

三爻

旅という不安定な条件の下にあって、泊まっていた宿が火事になり、持っていたお金は持ち逃げされ、仲間を失い、丸裸になるという凶事に遭います。これは自分自身が旅のルールを守れず身勝手にやってきたからです。自分としては間違ったことをしていないつもりでも、このような旅の時にはその在り方は通用しません。失うものの多い時です。

四爻

旅の途中の野宿している時に、便利な物が手に入るという良きことがあります。しかしそのために神経を使わなければならないことになり、精神的には満足できません。むしろ不愉快な気分にさせられることが多いといえるでしょう。交際などの人間関係においては、予想していないトラブルに巻き込まれることがあります。適切な対応をしてください。

五爻

一つのきっかけにより、自分の能力を認めてもらえることができ、良い立場を得るようになります。動くことは良好なので、一度や二度の失敗があったとしても諦めることなく挑戦してみるとよいでしょう。いつの日か目的を達成することになり、満足することができます。自分の「売り」を作ることも大事な行為ですから、よく磨いておきましょう。

上爻

旅の終わりです。始めはよかったことも最後になってすべてを失うことになります。それは旅への慣れや疲れもあるのでしょう。旅のルールを守ることができなくなり、人の忠告も聞き入れません。周囲との関係に問題を起こしてしまい、自分の帰る場所がなくなります。けじめのない人間の末期の姿となるでしょう。火事やボヤにも用心すること。

57 巽《そん》為《い》風《ふう》

䷸

巽《そん》は、小《すこ》し亨《とお》る。
往《ゆ》くところあるに利《り》あり。
大人《たいじん》を見《み》るに利《り》あり。

【自分を押さえて相手の言いなりになる】

巽為風は入る、従う意味です。それを卦の象では、内卦も外卦も巽（陽・陽・陰☴）で、風が二つ重なっていることから表象しています。従う意味を持つ卦には沢雷随がありました。沢雷随は「元亨利貞」といって、ある目的を持って従いましたが、巽為風は「風」です。風はどこにでも入り込んでしまうことができる、つまり相手に気に入られるようにする、自分の気持ちはすべて抑えて言いなりになることをいいます。また、巽は陰卦なので小です。そのため卦辞では、「小し亨る」とあって、小さな希望しか亨らないことをいい、無理のないものを選ぶことが大切となります。

【良いのか悪いのかはっきりせず】

巽為風は風の命令に従うのですから、相手の意思を尊重していくことになります。そのため自分の意思の入る隙間はほんのわずかなものとなるでしょう。そして絶えず人と相談して指示をもらって動くというかたちになるので、単独での判断や行動をすることはよくありません。従う内容や相手によっては渋々といったことにもなるでしょう。「右にならえ」が好きな、自分を持たない人には楽な在り方かもしれませんが、普通は多少の圧迫感があるものです。また、良いのか悪いのかはっきりしない状態であることもあります。当然、何か事を決めるには難しい時といえます。

【「風」がキーワード】

巽為風は風のイメージから、仕事に得るとザワザワと風が吹くように何かと忙しいものです。お金もそれについて入ってくるでしょう。勤め人はこれまでと同じ状態が続きます。健康はそれこそ「風邪」で、治ってはぶり返し、治ってはぶり返しの時となります。他の病でも長引いて治りにくいものとなるでしょう。恋愛を含めて人間関係は長く続いていく腐れ縁で、先行きの見込みはないものの、切れることもない厄介なこととなります。全体的に際立った悪さはなく、かといって良いことがあるわけでもなく、今一つすっきりしないことが特徴です。

初爻

従うことの始めです。進むべきか退くべきか、ふらふらと迷い決断できません。迷うなら身近な人に相談して自分の考えをまとめるとよいでしょう。そして決断した後は再び迷わないことです。どうしても迷いが出てしまうなら、やめるしかありません。不安を抱えながら事を進めてみてもうまくいくはずがないでしょう。時間をかけすぎないように。

二爻

自分のやろうとすることに対して過分すぎるくらい丁寧に取り組みます。お金も時間もかけてとことん納得するまでやり続けることになるでしょう。仰々しすぎる感はありますが、今はそうすることが結果的に良いかたちとなります。自分が何よりも大切に思っていることならば、誰しもそうするでしょう。悪いことではないので心配ありません。

三爻

その場限りの従い方をします。いつも目先だけのことしかありません。「自分」というものを持っていないため、周りの状況にいいように振り回され、そのたびにハイハイと返事をし、「右にならえ」です。肝心のその後がない状態を続けることは、必ず後悔することになるでしょう。あてにできないものに従っているとしたら、もはや言いようがありません。

四爻

いろいろとやっていくと、やっただけの結果を手にすることができるチャンスの時です。行動の仕方によっては三つの事が成就するので、動かない手はありません。自分を信じて挑戦してみるのも面白いものです。もちろん狙いを定めてしっかりと準備をすることを忘れるわけにはいきません。気力体力に不足はないのですからとにかく行動しましょう。

五爻

始めのうちは前後の諸事情があってうまくいかないことがありますが、途中で間違いなどに対し、修正を加えることで段々と良くなっていきます。続けていくうちにかたちが整っていくようなものなので、自分の考えを優先させず、状況を見守りながら焦らずにやっていくとよいでしょう。手にするものは小さくても、やって損をすることはないはずです。

上爻

従うことの終わりです。これまであまりにも従いすぎた、合わせすぎた結果、自分の良さを出すことができません。手も足も出ない状態です。気力も喪失してしまっているので、何もする気になれないでしょう。健康面に問題が出やすく、注意が必要な時です。一日の運勢でもまったくツキに見放されて、不愉快な思いをして過ごすようになります。

58 兌《だ》為《い》沢《たく》

兌《だ》は、亨《とお》る。
貞《ただ》しきに利《り》あり。

【誰からも好かれて悦ばれる】

兌為沢は悦ぶ、楽しい意味です。それを卦の象では内卦も外卦も兌（陰・陽・陽☱）の悦びが重なっていて、笑うさまが外に現れていることから表象しています。また、兌の象は一番が陰爻で外面がよく誰からも好かれ悦ばれますが、ただ何でも悦ばれればよいということではありません。人が真から望むものであること、悪いものではないこと、無理のないやり方ですることが大切です。それを卦辞では「貞しきに利あり」といいます。ごまかしの悦ばせ方は一時的なものにすぎず、あっという間に消えてしまい、人から信頼や好感を持たれることもないでしょう。

【能動的で開放的】

兌為沢は悦びが主体ですから、運勢全般に良好な時となります。前の卦の巽為風のように従うという受け身な在り方ではなく、自分から音頭を取って楽しさを見つけていくので、能動的であり、開放的なイメージがあります。自分の思い通りになるから楽しい、嬉しいことがあるから悦ぶということです。知人とのおしゃべりや食べることなどもまた楽しいもので、口に関係することのすべてが判断の材料になります。また、同じ目的を持った仲間を得て、互いにプラスになるように学び合い、良いところはどんどん吸収していくことも大切であるといえます。

【新鮮な感覚で楽しむ】

人が心の底から純粋に楽しめるというのは、年齢を重ねていくに連れて少なくなってくるものです。すでに経験をして知っているせいか、新鮮な感覚を失っているのでしょう。ですから兌為沢というのは、まだ学生のように若い人で、知らないことをたくさん持っている人に得ることが多いように思います。初めてもらったプレゼントや初めて食べたケーキの味は印象に残り、嬉しくおいしく感じることができますが、その回数が増えるにつれて慣れてしまい、悦びも感謝も忘れていってしまうのでしょう。楽しさや悦びというのは、案外、瞬間的なもののようです。

初爻

悦びの始めです。不安や心配、気を遣わなければいけない相手もなく、楽しみに没頭することができます。文句なしに楽しい時で、恵まれているといえるでしょう。トラブルもなく事が進んでいきますので、好きなように行動してよいでしょう。知人との会食などが多くあり、出費がありますが、お金に困るようなこともありません。存分に楽しんで！

二爻

ちょっとした制約があるため、羽目を外したような楽しさはありません。いろいろと考えて人工的に作り出すような感じがあり、中途半端な思いをしそうです。それは同じ料理を二日続けて食べた時のことを想像してみると、よくわかると思います。格別悪いというわけではありません。まあ、こんなもの、この程度といった感じの結果となるでしょう。

三爻

「自分」を持っていないため、その場しのぎにあることないことをベラベラとしゃべってしまいます。口先だけで安請け合いをするため失敗することになるでしょう。気が多いことも欠点で、すぐに感化されてしまいます。自分自身の在り方を変えていかなければ、人から相手にされなくなるでしょう。ごまかしが通用するほど甘い世の中ではありません。

四爻

気になることがたくさん出てきます。それに対してなかなか心が決まりませんが、いろいろと前後を計算していくと、自分にとって大切なものが見えてくるので失敗がありません。調子の良い話などの誘惑を断ち切ることもできるでしょう。健康面には問題が出る場合があるので注意が必要です。時には手術をするようになるかもしれませんが、治ります。

五爻

口先ばかりの調子の良い取り巻きの中にいますが、自分には自信があって、危うい状況にあることに気づいていません。そのためにいつの間にか自分の持っている良いものを剥ぎ取られてしまいます。余計なことに近づかない、近づけさせないようにするしかありません。甘い考えは大切なものを失う結果となるので、過信は絶対に禁物となります。

上爻

悦びの終わりです。どうがんばってみても人を悦ばせることはできません。口出しすることは余計なお節介となり、嫌われるだけでしょう。周囲からは「言わせておけ」と思われる存在です。それでも本人の気の済むことなら仕方がないでしょう。どこまでもマイペースで過ごすことになります。楽しいとまではいかなくても、何らかの悦びを見つけてください。

59 風水渙《ふうすいかん》

䷺

渙《かん》は、亨《とお》る。
王有廟《おうゆうびょう》に仮《いた》る。
大川《たいせん》を渉《わた》るに利《り》あり。
貞《ただ》しきに利《り》あり。

【何かが離散する状況】

風水渙は散る、離散の意味です。それを卦の象では、内卦の坎（陰・陽・陰☵）の氷の上を外卦の巽（陽・陽・陰☴）の風が吹くことで、氷が解けて割れることから表象しています。卦辞では「王有廟に仮る」とあって、王が廟に入り、祭りをするのは離散している先祖の霊魂を一つに結集するためで、そうすることによって原点に返り、今ある問題を吹き散らし、解決することをいいます。また、問題を解決していくためには利用できるものは利用していくことが必要であると同時に、無理のないやり方をしなければならないことをいいます。風のように柔らかいやり方です。

【問題解決の糸口は身近なところに】

風水渙を得たということは、問題や悩みがあってそれらを解決しなければならないこと、やらなければいけないことがあるからです。そのやり方は、前述の雷水解のようにスピードと強い行動力でするのではなく、春風が時間をかけてゆっくりそおっと氷を解かすように、手順を踏んで一つひとつ行っていかなければなりません。急ぐことはないので、しっかりと準備を整えていくのがよいでしょう。そして身近なところに使える何かがあるはずですから、身辺をよく見回して考えてみることです。良い材料を手にすることができるでしょう。

【新たな展開で自分を生かす】

風水渙は問題や悩みがある時なので、順調な状態であるとは考えません。しかし問題が解決することが可能なのですから、今後に期待を寄せることができる明るさもあります。たとえば仕事なら、将来を考えると不安があって転職をすることがあります。新しい環境の下で自分を生かせるかというと別の話になりますが、一つの区切りをつけることになり、今の状態よりははるかに良いでしょう。恋愛や結婚は吹き散る意から、まとまることはありません。良い縁とも思えませんので、無理に進めることはないでしょう。何に対してどう行動するかを知ることが先決です。

初爻

離散の始めです。まだそれほど大変な状況にはなっていません。少し様子を見ていると、自分の生活圏の中に強力な味方があることに気づき、それを利用していくことで良い結果を得られるでしょう。この味方はその時の流れそのものをいう場合もあり、そこに力があるうちがチャンスですから、急がなければなりません。遅れたらアウトです。

二爻

安心して頼ることができるものがあります。それに寄りかかることでごく普通の状態に落ち着くことができるでしょう。また、あれこれと気迷うことがあったり、調子に乗って動いてみても仕方がありません。無理なやり方は失敗するので、ゆったりとしていましょう。悩みが完全に解決したとはいえませんが、困ることもないので、何とかなっていくでしょう。

三爻

自分のことは後回しにして人のことを第一にやるようになります。犠牲になるように思えますが、今はそのやり方しかなく、結果も良いものです。反対に、自分を優先させて出しすぎると問題が出てきてしまい、失敗することになります。嫌だと感じるものこそ、素早く片づけていくようになるでしょう。期待感を持たずにいるほうが楽に感じます。

四爻

今まであったことや、腐れ縁などをスッキリ片づけるようにしましょう。解散することとやめることはとても良いことです。今のものと縁を切ることができれば、別の次の方向へ進むことができます。それは今までのものよりはるかに良いものとなります。今はそんなふうに考えられないと思うかもしれませんが、心配ありません。必要なのは度胸だけです。

五爻

今の状態は自分が考えているより安定していません。この先を考えて安定を求めるならば、ここで思い切った手を打つしかありません。それには出し惜しみをしたりせず、自分の持っているものを投げ出す必要があります。やっただけの効果はあるのですから、自分が犠牲になってもやるほうがよいでしょう。的確な状況判断が何よりも大切な時です。

上爻

離散の終わりです。どんなに気になることでも、遠ざかる、離れているほうが無事に過ごせることになります。俗にいう「触らぬ神に祟りなし」です。すべて傍観し、一線を引いて余計な口出しをしないようにしていれば、失敗することはないでしょう。無理は絶対に禁物で、安全であることを第一に考えましょう。何があっても決して近寄らないように。

60

水沢節《すいたくせつ》

節《せつ》は、亨《とお》る。
苦節貞《くせつてい》にすべからず。

【節度がなければ苦しいだけ】

水沢節は節度、節制の意味です。それを卦の象では、内卦の兌（陰・陽・陽☱）は沢、外卦の坎（陰・陽・陰☵）は水で、沢の上に水を足すと沢は限度を超えてしまい、あふれてしまうことから、これを表象しています。物事というのは、ある程度の限度を持ってほどよい状態を保つことがよいのであって、あまりにもこだわりすぎると、それに縛られて苦しむことになってしまいます。このことを卦辞では「苦節貞にすべからず」とあって、苦労してまでやることは控えるようにしましょう、といいます。無理をしてまでやってみても、やがては行き詰まり、続くはずなどないものです。

【ちょうどよい塩梅を知ること】

水沢節の「節」とは、竹の節をいい、一つの区切り、止まることを意味します。このため、スーッといくようで立ち止まり、またスーッといくようで立ち止まってしまいます。つまり一度で事が済むことがなく、二度繰り返すことになります。そして何よりも節度、節制の意味の卦ですから、何事も完璧ではなく、ほどほどにやることがよいでしょう。ルーズも駄目、厳しすぎるのも駄目、加減が大事なのです。また、自分の力量を知らなければ、どの状態がよい塩梅なのかがわからないでしょう。自分はどの程度のものなのか、等身大でとらえてください。

【波風立たない穏やかな日々】

水沢節を得た時というのは、格別これといった問題がないものです。そして目立つような良いこともありません。ごく普通に、ごく自然に背伸びをすることなく過ごせることをいいます。仕事でも失敗することは少なくて安定していますので、今を続けていくことがよいでしょう。恋愛は今時には珍しく、節度ある交際となります。結婚は縁としては良いものが感じられませんし、反対者もいるようです。この相手にこだわる必要はないといえます。再婚は二度の意味から問題はないでしょう。決まり切った生活をしていくので穏やかに過ごせます。

初爻

節度、節制の始めです。自分にブレーキをかけてしまうことで失敗を避けることができます。今が行動する時ではないことがわかるのでしょう。初めから動こうとしません。少し待つことでタイミングをずらしていくほうが良い結果となります。慌ててみても事は進展せず、二度足を踏むようなこととなるでしょう。無駄なことをしないように。

二爻

良いチャンスが来ています。これで行動をしないようであれば愚か者か怠け者です。せっかくのチャンスを逃がしてしまうことになるでしょう。考えすぎずサッサと動くことです。ここで行動しなければ次の段階へ移行することはできません。また、次のチャンスを待つといっても、それはいつのことになるのでしょうか。ひょっとしたら、ないかもしれません。

三爻

身から出た錆《さび》です。今までさんざんルーズにしていて無計画、無節制だったため、泣きを見るようになるでしょう。生き方、物の考え方が散漫でズルズルしていたのは自分自身です。誰のせいでもありません。悪かったことに気づけたのですから、今からでも自分を変えていくしかありません。恨み言をいっても誰も聞いてはくれませんので、よく考えてください。

四爻

自分の器がわかっている人です。無理することなくごく自然にやっていくことができます。これまでに成功したことがあった場合でも、手を広げたりせず分限を守っていくのでしょう。出すぎたことをしないので非常に安定していきます。周囲との歩調を上手に合わせていくことができるので、トラブルなどを抱えることなく進んでいくことができます。

五爻

良い環境や条件の下にあります。そのため無理なことをしませんし、相手にも求めることがありません。自分のやるべきことをしっかりやり、その割には欲張ることがないので自分も周囲も満足することができるでしょう。こだわりがないというのは、どの世界にあっても、どの道を歩いていても、そつなくやっていくことができます。問題ありません。

上爻

節度、節制の終わりです。あまりにもこだわりすぎて弊害が生じてきます。何が何でもと苦労してまでやることに良さはまったくありません。どうしてそこまで入れ込むことになってしまったのか、考えなければならないことがありますが、「これしかない」という考え方は捨てるべきでしょう。世の中は広く、選択肢はたくさんあるものです。固執しないで。

61 風沢中孚《ふうたくちゅうふ》

中孚《ちゅうふ》は、豚魚《とんぎょ》にして吉《きち》なり。
大川《たいせん》を渉《わた》るに利《り》あり。
貞《ただ》しきに利《り》あり。

【誠意を持って事に当たる】

風沢中孚は誠意、信《まこと》の意味です。それを卦の象では、卦の上と下のそれぞれに二つの陽爻があって、真ん中に二つの陰爻があります。陰は虚心をいうので、心の中に信があること、また、外卦の巽（陽・陽・陰☴）の姉が内卦の兌（陰・陽・陽☱）の妹に風のようにやさしく語りかけると、妹が悦んで応じることから、これを表象しています。卦辞では「豚魚にして吉」とあって、心に真実があれば神を祭る時のお供え物が簡単で質素なものでも神は悦んで受け入れ、人の心からの願いを叶えてくれることをいいます。形よりも中身の大切さを強調しながら教えてくれます。

【スピーディーな行動が吉となる】

風沢中孚は、兌の沢の上に巽の木の舟が浮かんでいる様子から、舟に当たる利用できるものを利用していけば、問題に対してうまく解決していくことができることをいいます。また、大離《たいり》の象（初爻と二爻を一つにまとめて一つの陽爻とし、三爻と四爻も一つにまとめて一つの陰爻とし、五爻と上爻を一つにまとめて陽爻とすると、離の象ができること）から、よく見える、見かけは良い、早く、簡単の意味を持つので、行動するにいたってはスピードを必要とします。自分の誠意をしっかり伝え、相手には寛容な態度で臨んでいけばうまくいくことになります。

【きれい事で済まないことも知るべき】

風沢中孚のいう「誠意」とは、いったいどういうものをいうのでしょうか。心を尽くすこと、頭を下げること、言葉を添えること、足を運ぶことなどをかつてはいったものでしょう。しかし今の世の中を見ていると、それだけでは済まないように思います。裁判、保証問題などを考えてみるとよくわかることで、単にきれい事だけでは終わらず、金銭も介在してくるのは当然のことです。目に見えない心が通用したのは過去のことで、今は心を形にしていくしかないのではないでしょうか。このような考えを判断に加えていかなければ、この卦をたてても使い切れないでしょう。

初爻

誠意の始めです。人が良すぎて何でもかんでも信じてしまうのはいかがなものでしょう。始める前によく調べて、自分の状態を確認して、それからでも遅くはありません。途中で気が変わり、やめてしまうようなら、初めから手を出さずにいるほうがまだ人間としての美があるものです。約束というのは守るためにするのであって、破るためではありません。

二爻

遠くに離れていてそのかたちを肌で感じることはできませんが、心が通じ合っているので、あえて言葉にしなくても相手のことを察し、思いやることができます。恋愛などは遠距離状態であったり、年齢差があったりしますが、気持ちは一つにピッタリとしているのでうまくいくでしょう。何事もツーと言えばカーの関係ですので、間に人を入れないことです。

三爻

考え方にしっかりしたところがないため、自分で迷い、自分で敵を作ってしまうことになるでしょう。精神的にもまったく落ち着かず、泣いたり笑ったり怒ったりと感情の起伏が激しくなり、自分だけでなく周囲をも振り回すことになり、迷惑をかけるようになるでしょう。素直さを取り戻し、安定した自分を築くことが大切です。バタバタするだけ損をします。

四爻

目標達成が見えてきました。あと少しといったところです。ですから今、これまでのしがらみなどと離れていくようにしましょう。身辺整理です。これをしないと、本当の意味での良さが出てきません。誰のためでもない、自分のために清算するのです。未練や執着は自分の足を引っ張るものであり、後に重い荷物となってのしかかってきます。

五爻

安定した状態を保つことを望みます。それを維持していくためには、あちこちに気を遣い、周囲の人達に合わせてうまくやっていくしかありません。一生懸命にやっていても感謝されることはなく、やって当たり前というような骨の折れる時となるでしょう。悪いことはないのですが、心の負担は大きく、たまには息抜きも必要となるでしょう。

上爻

うぬぼれが強く自信過剰であるために、能力以上のことをやって大失敗をするでしょう。身の程知らずとはこのことで、欲の皮が突っ張りすぎたのです。初めのうちはほんの少し良さがありますが、すぐに地の底に叩き落とされてしまいます。無残な結果になることは言うまでもありません。健康面においても注意が必要ですから、普段から気をつけましょう。

62 雷山小過《らいざんしょうか》

小過《しょうか》は、亨《とお》る。
貞《ただ》しきに利《り》あり。
小事《しょうじ》に可《か》なるも大事《だいじ》に可《か》ならず。
飛鳥《ひちょう》これが音《ね》を遺《のこ》す。
上《のぼ》るに宜《よろ》しからず下《くだ》るに宜《よろ》し。
大《おお》いに吉《きち》。

【無理をせずに小事から始める】

雷山小過は「過ぎる」、それも「小に過ぎる」ことをいい、無理ができないことを意味します。それを卦の象では、二陽四陰卦であるため陰爻の小が多くありすぎる状態から、これを表象しています。また、初爻と二爻、五爻と上爻を左右の羽とし、三爻と四爻を鳥の胴体と見る飛鳥の象であり、大坎《だいかん》の象であるとします。卦辞では「小事に可なるも大事に可ならず」とあって、小さいことは良いけれど大きいことはしてはならず、「上るに宜しからず下るに宜し」とあって、鳥が空高く飛ぶことを禁じ、下に降りることをすすめています。命を落としかねないからです。

【常に謙虚に控え目にいるべき】

雷山小過の小事はいったい何に当たるのでしょう。小は陰ですから、日常の在り方についてなら無理せず目立たないようにすることでしょう。そして人に対しては頭なら二度も三度も下げて丁寧にし、哀悼の時には大いに涙し、日用品においては倹約に励むのです。そうしてはじめて雷山小過の時を切り抜けられるのです。何かに着手するなどは論外のことですから、自分は大丈夫などとは露ほども考えないことです。希望が亨ると思うのではなく、無理が多すぎると考えて、中止の方向でいくべきでしょう。失敗するとダメージが大きく二度と立ち上がれません。

【物事を甘く見てはいけない】

乾為天から始まった易も、ここまで来ると終わりが見えてきました。人生の流れと照らし合わせて考えると、雷山小過の時というのは晩年に近いものがあります。陰爻が多すぎるということは、それだけで自分に力がないことや、マイナスになることのほうが多くなってきていることを表します。二つの陽爻でどれだけのことができるのかと問いかければ、ほとんどが何もできないでしょう。それを理解できずに、過去の自分と同じつもりで事を起こせば、いとも簡単につぶれていくでしょう。事柄によっては生死に関わる判断にもなります。甘い卦ではありません。

初爻

調子の良い話が来そうです。力もないのに背伸びして、飛んではいけない鳥が飛んでしまいます。初めから無理なもの、駄目なことに自分から手を出したのですから、どうすることもできません。この失敗には後遺症が残るので当分の間は身動きが取れないでしょう。動いた瞬間にアウトです。現状を守ることだけが唯一の救われる道だったのです。

二爻

考えていたことと違った結果になりますが、それほど悪いこととは思えません。完璧ではないものの、ほどほどの線で手を打って無理することを避けられるなら、それでよしとしましょう。雷山小過の時ですから、悪いことがないように、いつも通りであればよいのです。こだわりや欲を持って突き進むことだけは、絶対にやめるようにしてください。

三爻

簡単に事は運ばないようです。自分の力を過信してしまうのか、思い通りに行動してしまい難しい状況を作り出してしまいます。思いがけないトラブルや事故に巻き込まれることもあり、要注意の時なのですが、気づくことができません。すべて様子を見て、事情がはっきりしたり、相手の状況が変わるまで待つことが災いから逃れる方法です。ついうっかり、のないように。

四爻

考えるだけで時が過ぎそうです。いずれにしても積極的にいく時ではないので、今、自分がしていることを見つめ直し、検討するくらいのものでしょう。陰がすぎるというバランスの悪い何か不足している状態にあっても、その中では何とか自分を保ちながらやっていくことのできる賢さがあるので大きな問題とはならないでしょう。現状維持でよしです。

五爻

思うようになりそうで、そうはなりません。目線が高すぎているのですから下げればよいのですが、それをせずに無理にでもやろうとします。何とか助っ人を探し出してでも、と思いますが、それとても自分の思い通り動いてくれるかというと、そうでもありません。所詮、力がないのですから、できることも知れたものです。大きな期待はこの際捨てること。

上爻

飛鳥の終わりです。力がないのにもかかわらず、大空高く飛んでしまいました。撃ち落とされることになり、大きな災害に遭うでしょう。仕事、家庭、健康、金銭などすべてにわたって手の打ちようがありません。やりすぎた結果、自分が蒔いた種とはいえ、見るも無惨なこととなります。飛行機事故も含んで、この卦爻には想像もつかないような危険があります。

63 水火既済《すいかきせい》

既済《きせい》は、小《すこ》し亨《とお》る。貞《ただ》しきに利《り》あり。初《はじ》めは吉《きち》にして終《おわ》りには乱《みだ》る。

【事の完成】

水火既済は、事の完成の意味です。それを卦の象では、陽爻は奇数の位に、陰爻は偶数の位にという易の約束の通り、六爻すべてがそれぞれ正しい位にあり、完成した形をしていることから、これを表象しています。事の完成というのは、その完成した瞬間から過去のものへと変わってしまいます。それを維持していくことは大変な行為となるでしょう。卦辞では「初めは吉にして終りには乱る」とあって、事が完成した後は、初めは新鮮さや情熱がありますが、段々とその気持ちも薄れてしまい、いい加減になってしまうことを戒めています。

【現状に満足せず、次の目標を立てるべき】

一つの事の完成は、そこがピークでその後には難しい問題がいろいろと出てくるものです。ですから次のことを考えて準備をしていかなければなりません。たとえば受験をして合格した、これは水火既済です。でも合格しただけで何もしなければそれまでです。次なる進級や場面に備えて勉強を続けていかなければ、能力はぐーんと引き戻されて役に立たないものになるでしょう。他のことでも「やった」だけでは、この先の発展はありません。水火既済の良さは最初だけなので、将来を考えていかないと難しいことになるでしょう。日々精進していくことです。

【初めは良いが終わりに乱れる】

水火既済を得たということは、完成をいうので、地天泰と似ていて順調であるといえます。しかし、これからが勝負であるので気を抜くことはできません。初爻から上爻まで卦辞の「初めは吉にして終りには乱る」が何かと利いていて、良さは最初だけのものとなり、仕上げが非常に難しく厄介であったりします。完成したものにまつわることで新たに小さな完成を見るようなことを作り出し、それらを積み上げていくことは「乱れず」に済むことにつながります。人は誰でも楽なものを好み、苦しいことを避けるものですが、緊張感のないものも淋しいものです。

初爻

事の完成の始めです。完成したばかりの時に当たり、調子に乗って何かをやる力はありません。ようやくたどり着いた現状なのですから、今は守ることに徹することがよいでしょう。むやみに動いてみても失敗するだけで何の得もありません。軽率さは慎むべきですし、自分から心にブレーキをかけるようでなければなりません。動かないことです。

二爻

自分が動くだけの条件が不足しています。そのためにチャンスを逃すことになりやすいですが、慌てることはありません。事情が変わればまた動くことができるので、それまでゆったりと待つことにしましょう。七日目にはすべてが明らかになり、有利な風向きとなります。人の後ろからついていくのもよく、表立った動きをしないことが成功につながります。

三爻

とても難しいものに手を出してしまい、大変な苦労を三年もするようになります。自分ならできると思うのでしょう。その自信が命取りになるのですが、人の意見を聞き入れるほどの柔軟性は持ち合わせていません。そこまでしてなぜやる必要があるのか、冷静さを取り戻し、原点を振り返るようにしましょう。無駄に動き、無駄にすべてを消耗するだけです。

四爻

新しい船が完成し、喜びいっぱいに乗ろうとするのですが、その船に乗るためには、水漏れに備えて布を持っていかなければならないという不気味さがあります。不備があるから備えるわけで、用心を忘れると酷い結果となるでしょう。どんなに安全と思えることでも疑ってかかるようにしなければ、自分の身を守ることはできません。水の災いに注意。

五爻

思いがけない希望するものを手に入れることができるでしょう。しかしそれは今だけのことです。贅沢な過ごし方をしていると、今は無名で質素にしながらも地道に努力している人がいずれ頭角を現してくることになるでしょう。完全に満足できることなどないものですが、日々の努力を怠ると負ける日が近づいていることを悟りましょう。

上爻

事の完成の終わりです。経験も能力もないのにもかかわらず、大きなことをしてしまいます。準備不足も手伝って大失敗をすることになります。己をわかっていないことが致命傷なのですが、当人はそれに気づくことがなく、自分で自分の首を絞める結果となるでしょう。本当の苦労が始まるのはこれからなのです。危ない川を渡ってしまったのは自分です。

64
火水未済《かすいびせい》

未済《びせい》は、亨《とお》る。
小狐《しょうこ》汔《ほと》んど済《わた》る。
其《そ》の尾《お》を濡《ぬ》らす。
利《り》するところなし。

【未完成】

火水未済は、未だならず、未完成の意味です。前の卦の水火既済は六爻すべてが正しい位にあることから完成をいいました。火水未済は陽の位に陰爻があって、陰の位に陽爻があって六爻のすべてが位を得ていません。このことから未完成を表象しています。事が未完成であることは悪い印象を持ちがちですが、これから完成に向かっていく発展の可能性がありますので、期待することもできるでしょう。それを卦辞では「小狐」といって、小さな狐のうちはうまくいかないことがあって無理をすると失敗しますが、成長することに望みをかけています。

【「やること」の本質を知る時】

火水未済は力がない人が事を起こしたらうまくいかないことをいいます。それには力をつけるしかなく、時間をかけていくしかありません。「川」に当たる、やろうとすることの本質を知らなければなりませんし、知恵や経験、時には資金の準備も必要となるでしょう。また、自分に合っているものを合った場所でやることも大事です。そうでなければやることがチグハグになり、自分をうまく生かしていくことはできないでしょう。能力を発揮するには適材適所にするほうが、事は順調に運んでいくものです。知る、身につけることの大切さを教えてくれています。

【目標に向かって努力を重ねること】

火水未済の時というのは、今に難しさがあるのですが、後には良い方向へ向かっていくことができる希望と明るさがあります。難しさに見合った努力をし、欠けているものを補い、力をつけていけば、将来は広がっていくのですから心配することはありません。それを忘れてしまうから川を渡るような無謀な行動をし、流れに飲み込まれてしまうのです。いかに準備が必要であるかがわかるでしょう。「未だならず」とは、良いとも悪いとも決めつけることができません。目標に向かって大いに努力を重ねて、自分の未来を築いていく途中のように思います。がんばりましょう。

初爻

未だならずの始めです。計画性もなく自分の実力も知らず、無い無い尽くしのまま行動することは、言うまでもなく悪い結果となります。それでも初めのうちは何とかやれるかもしれません。しかしやがては、自分の力の限界を思い知らされることになるでしょう。うまい話などはよく確かめることが必要ですし、何もしないほうがよいでしょう。

二爻

自分の欲望を抑えるブレーキを持っています。今、事をしないでも済む余裕があるのでしょう。自分から身を引くことで良さが出てきます。このルビコン川を渡るか、渡らないかでは、後に大きな差が出てくるでしょう。今は動かず相手の出方や様子を見ることで無事を得ます。すべてのことは未だならずです。まだまだ先は遠いと考えましょう。

三爻

現在が上り調子なのでしょう。手を伸ばせば届きそうな感じであって、思わず動いてしまいそうになります。しかしまだ手を出すことはできません。急進は慎まなければならないので、今は強気にならず準備することに徹しましょう。タイミングを間違えなければ良い結果を得る可能性を秘めています。だからこそ、今ではなくもう少し時をかけるのです。

四爻

継続は力です。グッと三年辛抱の後には良い結果を得ることができます。もちろんその間の苦労は並大抵ではありませんが、根本的に狙っているものがよく、粘り通してやり遂げると、その効果や実績は将来につながるものとなるでしょう。大いにその気になって努力してみてください。何もせずにいても三年は三年です。実のある三年にしていきましょう。

五爻

初めは小さい狐だったものですが、今ではそれなりの老成した狐をいうのでしょう。自分の考えで思うように行動して、その結果は大変良いかたちとなります。ずっと時間をかけて努力してきたことがよかったのでしょう。占ったことに対して安心して進んでいくことができます。また、これまでよくがんばってきたことを、易が褒め、周囲が認めてくれるでしょう。

上爻

未だならずの終わりです。しかしまだ未済の時です。それを忘れてつい調子に乗り、やりすぎてしまう結果、最後になって大失敗をすることになります。慎重に過ごすことができれば問題がないのですが、そうできないのがその人間の弱さでしょう。一日の運勢では酒の席で問題を起こしやすいので、飲みすぎには注意してください。分限を越えないで。

第4章

ケーススタディ

Case 1

転職することができました。人間関係などに不安があります。大丈夫でしょうか？

●占　的　この会社で順調に働けますように。
●得た卦　風火家人初爻

風火家人は家、家庭を意味していて、仕事とは関係のないような卦に思いますが、会社という組織が一つの家に当たります。それぞれの家には家風があるように、その会社には強い社風、統率する人物があることをいいます。ですから、命令は絶対であるし、その社風に馴染むまでが大変であります。初爻は「有家に閑ぐ」であり、新入社員であるうちにこれまで個性といわれていたことを消し、社風に合うように厳しく躾られるようになります。自由にやりたい人には何とも窮屈です。言われたことだけをやり、どこにでも合わせることができる人には向いているでしょう。古参の社員をよく見て、すべて聞いてから作業に当たるのがよいでしょう。そこでのやり方さえ飲み込めれば「家の一員」ですから、そのうちに大切にされるようになります。余談ですが、卦辞に「女」の言葉があるので、相談者に聞いてみたところ、社長は女性で、社員のほとんどが女性であるとのことでした。

Case 2

一応、交際しているかたちにはなっていますが、都合のいいように扱われているような気がしてならなく、不安で仕方ありません。この先、どうなるんでしょうか？

●占　的　このまま交際を続けて結果が吉であるように。

●得た卦　沢山咸二爻

沢山咸は感応をいいます。甘いムードがあって大事にされているような錯覚をしがちです。二爻は「腓に咸す」であり、相手に言い寄られるとつい心が動いてしまい、相手の望みに合わせてしまいます。自分自身にも「もしかしたら相手は結婚してくれるかも」という欲と期待があるので、そのたびそのたび振り回されるだけで、結局は体だけの交際で終わることになるでしょう。真剣に将来を考えるならば、別れることもよいのではないでしょうか、と占断いたしました。

参考文献

『易』本田済（朝日新聞社）
『易学』本田済（平楽寺書店）
『易経（上・下）』高田真治・後藤基巳（岩波書店）
『周易講義（全四巻）』横井伯典（日本開運学会）
『周易小辞典』横井伯典（日本開運学会）
『幸せをつかむ！ 5円玉占い』水沢 有（池田書店）

おわりに

六十四ある卦、その一つひとつの初爻から上爻まで解説を書いてまいりました。読む人ができるだけわかりやすいようにと心がけ、難しい理論や約束事を省きましたので、六話完結の物語を読むような感覚になられるかもしれません。

易をたて、得た卦爻の中で人は右往左往し、悩み苦しみ、時には笑い喜びを味わう人間模様があります。私自身も恐ろしく身震いするような易を得たりすると、無念さから深い溜息をついたりします。どの卦爻も人間の幸せを求める気持ちと欲が見え隠れし、「人の性」というものに単純さとコミカルさを感じ、何だか愛しさを覚えます。それが人間という生き物なのだなぁと……。

また、近頃、特に強く思うことは、今まで歩んできた人生の時間は、易のどの卦爻に当たるのでしょうか。今の状態は何なのでしょうか。そして、今後の人生はどのような卦爻になっていくのでしょうか。人に限らず、日本という国は、どの卦爻に向かっているのでしょうか。この世に存在するすべての事柄や現象を易に置き換えて考えてみると、それらの成り行きや立ち位置が見えてくるでしょう。自分自身を知らず、物事の本質を知らずして、どうして良い選択をすることができるでしょうか。ましてや、世間のことや人の運命などを口にすることなどとても畏《おそ》れ多いことでしょう。

易を始めてからずいぶんと年月が経ちました。実践による学びと理解が深まるにつれ、同じ卦爻でもかつてと今とでは、易の読み方が変わってきつつあります。易自身もまた今の状態に適応し、その中で最善でいられるように変化しているように思います。私と共にあっていつも寄り添ってくれている存在で、今後もそうあることでしょう。易のこととなると書き尽くすことなどなく、語るに語り尽くすことがありません。どうペンを置いたらよいのか、きっかけが見つかりませんが、書面に限りがありますので、このへんで終わりにさせていただきます。

最後に、この本を手にしてくださったみなさま、ありがとうございました。心より御礼申し上げます。

水沢　有

水沢 有
(みずさわ・ゆう)

1965年福島県生まれ。故・横井伯典先生のもとで長年、易、人相、用気術等の占術を学び、その面白さと不思議さに惹かれ、日夜易の研究を続けている。主な著書、訳書に『新修　南北相法・修身録〔全〕』、『気学即断要覧 新訂増補』(共に東洋書院)、『幸せをつかむ！ 5円玉占い』(池田書店) がある。

説話社占い選書シリーズ創刊の辞

説話社は創業以来、占いや運命学を通じて
「安心できる情報」や「感動が得られる情報」
そして「元気になれる情報」をみなさまに提供し続けてきました。
「説話社占い選書シリーズ」は、占いの専門出版社の説話社が
「21世紀に残したい占い」をテーマに創刊いたしました。
運命学の知恵の源である占いを、現代の生活や考え方に沿うよう、
よりわかりやすく、そしてコンパクトな形で編集してあります。

みなさまのお役に立てることを願っております。

2014年　説話社

説話社占い選書5

すべてがわかる384爻《こう》易占《えきうらな》い

発行日　2015年12月23日　初版発行
　　　　2022年　9月23日　第7刷発行
著　者　水沢 有
発行者　酒井文人
発行所　株式会社説話社
〒169－8077　東京都新宿区西早稲田1−1−6
電話／03-3204-8288（販売）03-3204-5185（編集）
振替口座／00160-8-69378
URL https://www.setsuwa.co.jp

デザイン　市川さとみ
編集担当　高木利幸
印刷・製本　中央精版印刷株式会社

ISBN 978-4-906828-20-3　C 2011